CB142683

Cortesia
MAUAD Editora

JORNALISTAS

VITOR SZNEJDER

JORNALISTAS

MAUAD

Copyright © by Vitor Sznejder, 2003

Direitos desta edição reservados à
MAUAD Editora Ltda.
Av. Treze de Maio, 13, Grupo 507 a 509 – Centro
CEP 20031-000 — Rio de Janeiro — RJ
Tel.: (21) 2533.7422 — Fax: (21) 2220.4451
www.mauad.com.br

Projeto Gráfico:
Núcleo de Arte/Mauad Editora

CATALOGAÇÃO NA FONTE
DEPARTAMENTO NACIONAL DO LIVRO

S998

Sznejder, Vitor.
Jornalistas / Vitor Sznejder. – Rio de Janeiro: Mauad, 2003.
100p. ; 14cm x 21cm

ISBN 85-7478-098-7

1.Jornalismo. I. Título.

CDD – 070

A Evandro Carlos de Andrade *(in memoriam)*

A meus pais, Dawid *(in memoriam)* e Milca Sznejder

A Bruno Frohmüller-Sznejder, meu filho.

Sumário

Prefácio

Palavra, papel e permanência

Desde o momento em que me envolvi na empreitada de reeditar a coleção completa do *Correio Braziliense,* esbarro freqüentemente num feixe de questões. A primeira: e se o nosso patriarca, Hipólito da Costa, de Londres nos remetesse a sua revista pela Internet e não impressa em papel, teríamos condição de reeditá-la cerca de 200 anos depois?

Algum zeloso leitor teria a pachorra e o zelo de conservar e organizar a coleção completa da publicação junto com os milhões de bits que lhe chegam diariamente por via eletrônica? Algum hacker não atacaria o disco rígido onde os originais estivessem guardados? Um software do ano 2200 poderia ler documentos escritos com os modestos programas de hoje?

O frágil papel que não resiste a uma gota d'água, fácil de rasgar, difícil de guardar, sujeito às traças, fungos, fogo, capaz de voar levantado por um suave pé de vento, torna-se mais permanente e duradouro do que muita coisa produzida pela parafernália de última geração.

Papel é real, a informação eletrônica, virtual. A Internet democratizou a informação, incorporou o jornalismo ao nosso relógio biológico e, ao mesmo tempo, tornou tudo que está nela rigorosamente efêmero. Digitalizadas, as palavras ganharam força descomunal e, simultaneamente, tornaram-se menos eficazes. Insignificantes.

O que é fácil para produzir é ainda mais fácil para descartar. Vitor Sznejder, seguramente, pensou nisso quando tomou a decisão de colocar em papel as entrevistas com jornalistas que armazenou em seu site nos últimos dois anos. Deve ter percebido (como *expert* que é) que a comunicação bem-sucedida desenvolve-se em vários planos, mobiliza diversas capacidades. Sem o tato e o contato com o livro, o seu conteúdo perde a vitalidade nele contida. Incompleta a leitura sem o suporte da imaginação. Tente, leitor, amar sem as mãos.

Este livro é uma ponte entre tempo e espaço. É meio e mensagem, eco e objeto. Insumo e percepção. Cruzou as dimensões, venceu a periodicidade, suplantou os limites dos gêneros, juntou gente, palavras, energias, idéias, experiências e com este formidável elenco de personagens percorre a história do conhecimento.

Alberto Dines*

S.Paulo, julho de 2002.

*Ver entrevista de Alberto Dines, feita por José A. Argolo, no livro *Ética, Cidadania e Imprensa,* organizado por Raquel Paiva. MAUAD Editora, 2002.

Introdução

"Assunto: Entrevista para site do Vitor.
Caro Vitor.
Topo dar a entrevista. Peço que marque com a Fátima.
Abraços, Evandro."

Este email, datado de 30 de janeiro de 2000, marca o início do trabalho que você tem em mãos. Evandro Carlos de Andrade estava para completar cinco anos como diretor da Central Globo de Jornalismo. Eu pretendia iniciar uma série de entrevistas exclusivas com jornalistas de renome, para publicar no site www.vitorsznejder.com.br (dedicado a dois assuntos: Jornalismo e Judaísmo).

Tive o privilégio de iniciar minha carreira jornalística no *O Globo*, em 1974, sob a batuta de Evandro, Henrique Caban e José Augusto Ribeiro. Fui contratado pessoalmente por ele, após um diálogo que ilustra bem a sua personalidade.

Evandro: Muito bem, senhor Sznejder, ouvi boas referências a seu respeito do professor Walter Poyares (*). Quais as áreas de seu maior interesse?

Eu: Gosto muito de teoria da comunicação e filosofia da linguagem e pensei que talvez na Pesquisa...

Evandro: Não, nada de Pesquisa! Já estamos cheios de intelectuais lá. Preciso de gente que saiba apurar notícias e escrever reportagens!

(*) Walter Poyares é pioneiro nos estudos de Comunicação e Relações Públicas no Brasil, matéria que lecionava na PUC-RJ. Assessor especial do Dr. Roberto Marinho.

Que tal começar como estagiário de repórter de polícia? Se o senhor aceitar, chamo o meu adjunto, Henrique Caban, que lhe dará detalhes.

Evandro foi portanto, literalmente, meu "*founding father*" como jornalista profissional, além de mestre e incentivador permanente. Em julho de 2000 ele completaria cinco anos como diretor da Central Globo de Jornalismo. Circulavam boatos sobre uma suposta doença cuja gravidade o obrigaria a aposentar-se e ser substituído por Merval Pereira, que já ocupara o seu lugar na direção de Jornalismo de *O Globo*, quando a família Marinho convidara Evandro para a televisão.

Solicitei por email a Evandro uma entrevista para o meu site. Imaginava contar com 50% de chances: conhecia o seu temperamento avesso à publicidade, e sabia-o capaz de alternar momentos de autoritária rispidez e inexcedível cavalheirismo.

O convite foi feito no momento certo. Evandro, ficou claro para mim, **queria** dar um depoimento. Atendeu-me em sua sala na sede da *TV Globo*, em duas sessões de entrevistas que totalizaram quatro horas de gravação, a portas fechadas e sem a interrupção de qualquer pessoa ou telefonema.

A primeira entrevista transcorreu num clima tão descontraído que a certa altura perguntei-lhe diretamente sobre os boatos. Evandro sorriu, levantou-se da poltrona de um pulo, ficou de pé à minha frente e, abrindo os braços, perguntou-me:

— Estou com cara de doente?

Nenhuma, respondi, e era a pura verdade. Marcamos a segunda entrevista para a semana seguinte. Desta vez ele se atrasou cerca de meia hora, contrariamente a seus hábitos. Ao chegar, avisou que disporíamos de apenas uma hora, porque surgira um outro compromisso... Parecia irritado.

Evandro respondeu sem hesitar a todas as minhas perguntas, algumas das quais invasivas, outras indiscretas ou "politicamente incorretas". Por minha iniciativa, eu desligava o gravador para que ele falasse à vontade sobre os assuntos que a mim pareciam delicados. Em todas essas ocasiões, Evandro fazia questão de dizer:

— Por mim, pode continuar gravando!

Fiz questão de que ele lesse a entrevista em seu primeiro tratamento, uma versão bruta, tirada do gravador, que lhe enviei por email. Também por email Evandro me mandou o seguinte bilhete:

"Caro Vitor.

Certamente devido à minha péssima locução, a entrevista contém um número muito grande de equívocos. Vou precisar imprimir e levar pra casa, para fazer as correções necessárias. (...) Estou indo pra São Paulo e só lá pro fim desta semana ou começo da próxima é que poderei remetê-la para você, já revista (...)"

Esta versão revista por Evandro é a que você tem em mãos. Ela não contém duas ou três referências a pessoas que constavam do primeiro copião. Indaguei-lhe a respeito.

"As partes que faltam eu suprimi mesmo, por achá-las inconvenientes, valendo-me da faculdade que você me deu. Obrigado e grande abraço, Evandro."

Creio não trair, agora, a confiança de Evandro ao revelar que um dos trechos cortados fazia uma detalhada, respeitosa e pitoresca retrospectiva de seu relacionamento com o Dr. Roberto Marinho, a começar pelas entrevistas que mantiveram no casarão do Cosme Velho, às vésperas da sua contratação:

"Ele ficava horas me contando histórias; recordava o seu pai; dizia o que apreciava, e do que não gostava; e por esse método indutivo me fazia compreender o que desejava do *Globo* e do meu trabalho."

A entrevista foi "ao ar" no dia 6 de março de 2000. Evandro Carlos de Andrade morreu no dia 25 de junho de 2001, aos 69 anos, vítima de uma "doença hematológica". Encontrei-o pela última vez algumas semanas antes, na saída de um complexo de cinemas na Barra da Tijuca, degustando um sorvete de casquinha em companhia da esposa.

Seu substituto na TV foi Carlos Henrique Schroeder. Merval Pereira, a quem entrevistei em seguida a Evandro, continua à frente do Jornalismo das Organizações Globo, exceto a TV.

Sobre Merval e os demais entrevistados, você encontrará notas introdutórias, tal como estão no site, e outras, que fiz para este livro, dando conta do que ocorreu com cada um após a entrevista.

Vitor Sznejder
Rio, julho de 2002

EVANDRO CARLOS DE ANDRADE

Diretor da Central Globo de Jornalismo – *1995/2000*

Diretor de redação de O Globo – *1971/1995*

O Aristocrata Implacável

Entrevista concedida em 28/02/2000

Evandro Carlos de Andrade completou cinco anos à frente da Central Globo de Jornalismo. Antes, trabalhou por 24 anos como diretor de Redação do jornal *O Globo*. Nesta entrevista ele faz um balanço de sua vida profissional, analisa a Política e conta detalhes de sua vida de "estudante bagunceiro". Carioca do bairro do Maracanã, rubro-negro, 68 de idade, dois casamentos, seis filhos e nove netos, Evandro é considerado o mais influente jornalista de sua geração.

Dele se diz que é uma personalidade autoritária, obsessiva e implacável, mas também gentil e cortês. Mesmo numa simples carta enviada a uma jornalista da *Folha de São Paulo* (em janeiro de 2000), é possível sentir seu estilo ácido:

"Seu artigo (...) descreve com correção a reportagem do Jornal Nacional sobre (...). Se não fosse precedido pelos dois pri-

meiros parágrafos, seria um justo reconhecimento da qualidade jornalística daquela reportagem.

A senhora, entretanto, se sentiu na obrigação de começar o seu texto com uma série de agressões estúpidas e caluniosas ao trabalho em que se empenham os jornalistas que produzem, editam e apresentam o 'Jornal Nacional'.

Conhecendo, como conheço, a "linha editorial" do Otavinho, compreendo seu receio de ser demitida se tratasse de assunto relativo à TV Globo sem cumprir a obrigação, por ele imposta, de, a título de criticar, mentir a nosso respeito. "(...)

Quanto a dizer em seu artigo que o 'Jornal Nacional' é o mais antipático da TV brasileira, só posso atribuir ao despeito essa sua opinião, que se choca com a da imensa maioria do povo brasileiro, demonstrada a cada dia.

Atenciosamente

Evandro Carlos de Andrade
Diretor da Central Globo de Jornalismo

P.S. - Como não disponho do endereço dele na Internet, solicito que encaminhe cópia ao seu patrão. Afinal, como no velho anúncio da RCA-Victor, a senhora também é 'master's voice' e pode até arrancar um aumentozinho. Mas, como receio que não lhe encaminhe a cópia, por segurança estou mandando para ele uma pelo fax."

Foram quatro horas de entrevistas gravadas em duas sessões, em sua sala na sede da *TV Globo*, no Rio de Janeiro. Evandro não recusou qualquer assunto ou pergunta, dos quais não teve nenhum conhecimento prévio.

A seguir, alguns depoimentos a seu respeito, escritos a meu pedido por jornalistas de renome. Exceto Mino Carta, que me falou ao telefone, os outros me enviaram emails.

"Evandro é um dos melhores profissionais de nossa geração. Com Evandro, idealizada e comandada por ele, começou a grande transformação técnica e ética que fez do Globo o jornal que ele é hoje, um dos maiores diários do país. Graças também a Evandro, à sua corajosa determinação, o jornalismo de televisão passou a ser pensado, dito e feito por jornalistas." (Zuenir Ventura)

"Evandro Carlos de Andrade é a encarnação de um empenho profissional e existencial que está ficando cada vez mais raro. A cada geração dilui-se a dosagem no sangue dos jornalistas brasileiros desse misterioso fator que mistura estado de espírito, cultura, zelo e esmero. Qualquer que seja o nome deste elemento, Evandro o tem em grandes volumes." (Alberto Dines)

"Conheci Evandro pelo talento, antes de conhecer a pessoa. Um certo sábado, às 11h, Pompeu de Souza me entregou um texto para rever. "É intocável, não há o que reescrever", afirmei. Tratava-se de um perfil do então promotor público Cordeiro Guerra. Pompeu confirmou minha avaliação e me parece que este texto valeu ao Evandro o seu ingresso no jornal. Por trabalhar num clima de liberdade política que eu não vivi, Evandro trouxe para a televisão as fontes e o jornalismo investigativo." (Armando Nogueira)

"Tivemos muito contato quando eu estava montando a Veja. Nesse tempo ele estava em Brasília, e eu gostava muito da pessoa e do jornalista. Depois ele veio para São Paulo, para o Estadão, a gente se encontrava muito, ele vinha em minha casa, batíamos papos muito íntimos sobre nossas vidas particulares. (...) Evandro foi para o Rio, mas ainda estivemos juntos várias vezes. (...) Acho que uma vez ele ficou bravo comigo porque baixei a lenha nas Organizações Globo — e ele estava lá..." (Mino Carta)

P - Depois desses cinco anos de televisão, já se poderia dizer que você conhece o processo de edição deste veículo tanto quanto conhecia o de jornais?

R - Não. Aliás, quando trabalhava em jornal, raríssimas vezes desci às oficinas, inclusive do *Globo*. Tenho uma boa noção geral do processo, e conto sempre com uma excelente equipe.

P - Sente falta das "pretinhas", de escrever o seu texto?

R - Não sinto falta. Escrevo quando sinto necessidade de escrever, só; não é um imperativo orgânico... Mais jovem, sim, eu tinha a ilusão de que seria escritor – gostava de escrever, antes de tudo.

P - Influência familiar? Algum escritor ou jornalista em casa?

R - Não. Havia um tio, meu padrinho – médico homeopata, mas que não exercia porque era esquizofrênico e tinha consciência disso –, que lia em casa o tempo todo. Era um homem muito culto. Lia muito e conversava comigo, foi a grande influência cultural que tive na infância. Ele tinha um quarto só de livros e só ele podia entrar ali. Eu lia muito histórias em quadrinhos, o *Gibi*, o *Globo Juvenil*, *Mirim*...

P - Ainda existe a casa da Rua São Francisco Xavier 352, no Maracanã, onde você nasceu?

R – Não. Infelizmente, com a falta de preocupação histórica, as pessoas destruíram esse monumento (*risos*). Nossa família vendeu a casa após a morte da minha avó.

P - Quem retrata muito bem a cultura daquela região do Rio é o Aldir Blanc. Você se identifica com as suas letras?

R - Totalmente, sou cidadão do Maracanã. A minha região vai do Largo da Segunda-Feira, ou seja, o Engenho Velho, até o Largo do Maracanã; depois ela avança pelas Ruas Visconde de Itamarati, Santa Luzia, Dona Zulmira e Vinte e Oito de Setembro, nos seguintes rumos: Praça Saens Peña, um pouco de Andaraí, até a Praça Barão de Drumond, que conhecia como Praça Sete.

P - Até quando você morou lá?

R - Até os meus 18 anos. O Aldir Blanc expressa o sentimento daquela região para as pessoas da minha geração, assim como o Noel Rosa era a expressão da Vila dos meus tios, irmãos da minha mãe. Eu imagino o Aldir Blanc mais do jeito que eu fui, mais *fã-club,* curtindo Dick Farney, a Orquestra do Glenn Miller, Frank Sinatra, enquanto meus tios eram do samba do Noel, aquela cultura da boemia, da coisa mais fechada no próprio bairro. Aliás, não sei porque a associação de idéias, mas você sabia que o Cartola foi meu contínuo no *Diário Carioca*? (*sorrisos)*

P - E como ele era, no convívio pessoal?

R - Perfeito: modesto, sempre gentil, bem-humorado, ganhando aquela porcaria. Você imagina como era o mundo da arte popular, da música popular, antes do surgimento da televisão? O rádio já existia, mas não produzia estes sucessos financeiros. Isto se refletia na qualidade de vida dos artistas, que viviam e morriam miseravelmente. Um talento como Cartola, um clássico... a gente sente vergonha.

P - Falando em música, dizem que você conheceu a sua atual esposa num karaokê. Mas, quem cantava?

R - Eu a conheci num concurso de karaokê em que fui jurado e ela concorrente. Dei nota seis a ela, embora merecesse mais. Eu sempre sou rigoroso com as pessoas de quem gosto (*risos*).

P - Vamos voltar um pouquinho à sua história: é verdade que depois da venda do colégio a família enfrentou uma crise e sua mãe teve de abrir uma floricultura?

R - Com a morte da minha avó, houve uma natural tendência dos filhos à dispersão. Eram nove os meus tios, irmãos da minha mãe. Oito deles girando em torno do Ginásio Vera Cruz, depois Colégio Vera Cruz, fundado pelo meu avô.

P - Você também estudou lá?

R - Eu nasci e fui criado no Vera Cruz. Com a venda, os meus tios quiseram seguir cada um o seu caminho. O mais velho de todos, tio Paulo, era casado com uma mulher rica e passou a trabalhar no hotel que pertencia à família do sogro dele. E havia o caçula de todos, o tio Cláudio, que era dentista. Os demais giravam em torno do Vera Cruz. O líder era o Eugênio, professor de matemática e que resolveu ir à luta. Venderam o colégio e a marca Vera Cruz para Francisco da Gama Lima, na Rua Haddock Lobo. O prédio da Rua São Francisco Xavier foi vendido para o Senac.

P - Onde você completou os seus estudos?

R - Terminei o ano de 1945 no Santo Inácio. No ano seguinte minha mãe resolveu me internar no Pedro II, pelas mesmas razões econômicas... São crises. No Santo Inácio, eu era bagunceiro e eles me achavam um jeca! Vila Isabel, para eles, era inacreditável! Mas houve um momento em que resolvi mostrar do que era capaz: em um mês fui o primeiro da turma. Mas foi só um mês. O Paulo Francis, que era da minha turma, registrou nas memórias dele esse aspecto que me distinguia: o da bagunça, claro.

P - Era o Pedro II de Botafogo ou o de São Cristóvão?

R - Prédio antigo de São Cristóvão, inaugurado pelo próprio Pedro II e que desapareceu num incêndio. Quando eu li as memórias do Pedro Nava, vi que alguns dos inspetores de alunos em 1946 eram os mesmos do tempo dele, na década de 20.

P - Meu pai também estudou lá, e gostava muito.

R - Eu não gostei, eu odiava a idéia de ser interno! A primeira noite, aquele dormitório, a cama colada no canto, aquelas janelas abertas, a gente ouvindo músicas no rádio do vizinho distante. Uma tristeza incrível que me deu... Eu nunca me enturmei, nunca me senti bem, as instalações eram horrorosas, imundas, a comida era muito pobre, o ensino era uma droga...

P - Mas por que tão ruim assim?

R - Pegue por exemplo o professor de Geografia, Honório Silvestre, que nesta altura tinha quase perto de 70 anos. Era o exemplo de como não se ensinar. Ele entrava na sala e ordenava: "escrevam" e ditava a aula inteirinha, ou seja, ele na verdade só queria o silêncio daqueles alunos. Era catedrático...

P - E você já tinha esse temperamento de hoje? Como se comportava?

R - Eu era muito indisciplinado, fugia toda noite – eu e mais uns dois ou três – e não era punido. Faltava para ir ao cinema. Sempre detestei e fui reprovado. Tinha que ser reprovado em 46. Voltei para o Vera Cruz, para repetir a quarta série e completar o científico.

P - E a floricultura?

R - Nesta altura minha mãe abrira uma loja de flores inaugurando um edifício na Rua das Laranjeiras – onde fica atualmente um mercadinho, na esquina da Cardoso Júnior. Mais tarde a loja foi transferida para a Av. Nossa Senhora de Copacabana, onde hoje acho que fica a Caixa Econômica, entre a Constante Ramos e a Barão de Ipanema.

P - O que você fazia lá?

R - Eu ajudava nas entregas, ou cuidava da caixa.

P - E depois?

R - Durante dois anos eu fui vagabundo em Paquetá. Tinha uma ligação muito forte com Paquetá através de um tio, que tinha uma casa em frente ao canhão da Praia dos Tamoios. O vizinho dele, cuja casa era maravilhosa, tinha ido para São Paulo acompanhar um dos filhos e aquela casa se transformou em república. Os vagabundos que ficaram ali eram intelectuais, ouviam e discutiam música... foi onde me afeiçoei à boa música – eram sinfonias, óperas... Mas no fim de 1951 eu fui trabalhar no hotel Novo Mundo, no Flamengo, por exigência da minha mãe.

P - Você era "adicionista". Como um jornalista e escritor vai trabalhar com números?

R - Eu nunca tive dificuldade com números, ao contrário. E quando encasquetava com uma certa coisa, eu me saía bem.

P - Você tem fotos ou documentos dessa época?

R - Não guardo absolutamente nada, porque não acho que mereça ser guardado.

P - (*cara de descrença)*

R - Isto é a coisa mais sincera...

P - Está bem, voltemos aos números.

R - Estava no hotel como adicionista, trabalhava na contabilidade, era o cara que fazia lançamentos das despesas. Não tinha computador e ia muito bem lá. Até que tive uma indisposição com meu tio: fazendo as contas, vi que estava sendo roubado (*o hotel).* Denunciei, e como ao fim de dois meses nada aconteceu, eu me senti desmoralizado, fazendo papel de bobo. Fui trabalhar no Plaza Copacabana Hotel, recém-inaugurado, posto de subgerente, até ir para o *Diário Carioca.*

P - Qual foi sua primeira experiência em Jornal?

R - No *Correio Radical*, um pequeno pasquim... resultado da fusão do jornal *O Radical* com o *Correio da Noite,* era propriedade de George Galvão. Era um jornal ordinário, de polícia, chantagista, para tomar dinheiro de bicheiro. Eu queria fazer uma experiência no jornal, mas sonhava ser escritor; e minha mãe conhecia alguma pessoa que tinha acesso a esse George Galvão e ela pediu. Fui lá ser foca de polícia nesse jornal, num sobrado na Rua da Quitanda. Fiquei apenas dois meses. Houve uma greve, participei, acabaram me mandando embora – isto foi em 53.

P - E como entrou no *Diário Carioca*, que era uma verdadeira usina de talentos?

R - Através do Renato Portela, que fazia as palavras cruzadas do jornal e que se tornara meu amigo. Ele sabia do meu desejo e falou com o Luiz Paulistano, que era o chefe de reportagem. Tornei-me logo o foca preferido do Paulistano. Ele tinha um *Fusca* de terceira mão, importado, porque só havia importados, e morava na Penha, numa casa modesta. Era casado, tinha dois filhos, não passava sem um cachacinha...

Eu pensava: se nesta profissão tudo der certo para mim, eu vou acabar chefe de reportagem, tendo uma casa na Penha e um Fusca – sem beber cachaça, nunca apreciei, não sou do ramo. Aquilo para mim era uma perspectiva de vida...

P - Era impossível, na época, imaginar que você chegaria aonde chegou, não é?

R - Eu nunca discuti meu futuro comigo mesmo, nunca disse "eu quero atingir tal cargo", ou "desejo tal cargo"; as pessoas podem duvidar, mas nunca me passou pela cabeça que eu seria convidado para nenhum dos cargos que acabei ocupando. Em alguns casos eu fiquei bestificado, como ao ser chamado para chefe de redação do *Diário Carioca*. Estava no Egito, cobrindo a guerra no Canal de Suez. Tinha 24 anos e o Pompeu de Souza me chamou por telefone para ser o substituto dele.

P - Quem trabalhava por lá nessa época?

R – Carlos Castello Branco, Armando Nogueira, Prudente de Moraes Neto, Gilson Campos, Carlos Alberto Tenório, Maneco Muller, Epitácio Timbaúba, Mariano Junior, José Ramos Tinhorão, Otávio Bonfim, Jota Efegê, Rui Duarte, Aparecido Baioneta da Silva... E os cronistas eram Sergio Porto, Antônio Maria, Paulo Mendes Campos...

P - Vamos dar uma pausa e falar um pouco sobre sua carreira como repórter político, amigo e interino do Carlos Castello Branco.

R - Depois do suicídio do Getúlio, eu fiz a cobertura da campanha de Juscelino Kubitschek uma figura maravilhosa, um democrata absoluto, construtor e criador, entusiasta...

P - Era um talento natural? Como foi a história da construção de Brasília?

R - JK organizou uma equipe para ser um presidente construtor! Tinha um programa de governo consistente, baseado no trinômio transporte, alimentação e energia. Mas não dava ênfase à Educação: nomeou para ministro seu ex-vice-governador, Clóvis Salgado, figura política apagada e que em nada contribuiu para o progresso da Educação. Depois de Capanema, na ditadura Vargas, só recentemente se consolidou a noção de que a Educação é o principal fator de desenvolvimento.

P - Qual seria, então, o outro presidente brasileiro da sua geração que se podia ombrear com Juscelino?

R - Pelo espírito democrático, José Sarney e Fernando Henrique. No espírito empreendedor, nenhum como JK! Ele não tinha medo de nada, peitava, corria riscos... Fez campanha e tomou posse sob vetos e ameaças dos militares! Como estadista, Castelo Branco, general de espírito democrático, capaz de arrancar o Brasil do lamaçal em que bracejava em 1964. Apesar de ser militar...

P -Você acredita que JK foi assassinado?

R - Não! (*enfático*). O motorista, o Geraldo, estava muito velho, deve ter dormido ao volante... Já a Zuzu (Angel), eu acho que foi assassinada. Mas ele não, ele não ameaçava mais nada, eles não tinham razão para ter ódio de JK! Ele só foi cassado porque teimou em ser candidato a Presidente em 65 e aí criou um impasse para o Castelo Branco.

P - Essa questão da Educação, como você a colocou, uma transformação real é muito complicada e leva gerações...

R - Isto é trabalho para 20 anos, no mínimo. O Brasil tem condições de investir (*em educação*). A minha convicção é a seguinte: só a observação e o invento transformam o homem. A religião, a arte consolam o nosso desespero por nos sabermos mortais, mas só o conhecimento é que muda a nossa espécie ao longo da História. Para ser competitivo, você é obrigado a ter um sistema educacional muito bem organizado, que generalize esse conhecimento. Não sendo assim, tudo se resume ao comer e estar vivo, e você só vive do que mata...

P - Mas que filosofia mais pessimista, Evandro!

R - Pessimista por quê? Isto é fundamental: você mata para viver. Você vive de quê? Qual é o mineral que te alimenta? Granito, areia, pedras preciosas? Vegetal... você não matou?

P - Não que eu saiba...

R - Ah, você não matou? Ora, a vida se reproduz através da vida e por isso a vida é necessariamente cruel, ela só evolui por meio da destruição do mais fraco, ela é seletiva. Na democracia, o sistema de mérito, por exemplo, é muito justo: existem dez vagas, concorrem mil sujeitos. Os melhores vão ganhar bem, ter casa confortável, carro, e os outros vão gramar a sua mediocridade. Me explica então por que um sujeito burro, que nasceu com insuficiência de neurônios e lapsos de sinapse, vai ser menos bem aquinhoado dos prazeres da vida do que o outro, mais bem dotado pela natureza. É porque a vida é cruel, ela quer a eliminação do mais fraco. E por isso todo mundo acha justo premiar (ou castigar) a diferença.

P - Mas nos EUA há pelo menos igualdade de oportunidades...

R - Aqui também há igualdade de oportunidade nos muitos níveis em que a sociedade se organiza. Ou você acha que o traficante não está usando as oportunidades dele? O forte vai realizar do seu jeito, através da inteligência, esperteza, maldade, o que seja. Isto é um jogo bruto o tempo todo...

P - A propósito, há quem o considere duro, violento, obsessivo, implacável, além de fidalgo, cortês etc. Como você se classifica?

R - Eu sou a favor do poder exercido com autoridade! Porém, para haver equilíbrio, é indispensável a liberdade de imprensa. Liberdade é o bem maior de todos, porque ela permite que o tempo todo você avance; não se avança sem liberdade. A prova é que os regimes ditatoriais no Brasil, depois de um salto inicial de desenvolvimento, estagnaram na repressão e na auto-satisfação esterilizante. Esses saltos de desenvolvimento se deram ao custo da truculência, da privação da liberdade e da corrupção. Ela (*a corrupção*) é uma das condições humanas, e é a cobiça assegurada pelo conforto da censura que leva o homem a ceder à tentação do conforto ilegítimo.

P - Voltando ao seu temperamento...

R - Eu me acho duro, severo no exercício da minha atividade profissional, porque eu tenho que ser. Eu não tenho espírito de turma, não tenho grupo de amigos, profissionais que eu proteja; eu nunca toleraria formação de igrejinha, de grupinho, no lugar que eu trabalhasse! Eu trabalho voltado exclusivamente para o bom resultado!

P - Você foi repórter político, colunista, cobriu o Congresso... e no entanto se confessa um aristocrata no sentido platônico do termo, o "governo dos melhores"...

R - Eu não acredito em regime representativo. Acho o Congresso um fator de estagnação, um Poder conservador, reacionário por natureza. A profissionalização do político é ruim para a sociedade e para a democracia, ele passa a ser um condômino daquilo e não é mais representante do povo. Defendo o regime dos melhores. O voto obrigatório e massivo degradou a qualidade do Congresso. O voto facultativo ajudaria a melhorar a representação, porque só votaria quem tivesse consciência de sua cidadania... E ninguém deveria profissionalizar-se como deputado, vereador, presidente. Dois mandatos no máximo, e volta pro trabalho, meu caro!

P - Você já se imaginou na política partidária?

R - Eu seria um péssimo político, mas estaria num partido democrata, sempre defendendo a liberdade – o bem principal. Eu era contra a ditadura militar, contra o primarismo com que se exerceu o poder... O

Getúlio foi melhor que os militares por uma razão: o governo Getúlio, no período da ditadura, foi um governo civil. Sustentado pelo Exército, mas era civil. O Exército é uma instituição mediocrizante, o sujeito é só obediência, a carreira dele é feita para crer em valores que bloqueiam, como o patriotismo, e sobretudo a obediência cega, às vezes humilhante.

P - Você não livra nem o presidente Castelo Branco?

R - O Castelo era uma exceção dentro das Forças Armadas: ele era um intelectual e um democrata preocupado com a democracia. A visão de democracia de Geisel era completamente diferente, sem falar no Figueiredo... Como foi possível que se entregasse a essa gente um país como o Brasil? O Castelo era um estadista. Ele e o Getúlio foram os dois maiores e com o JK formam o trio de ouro no exercício da política no Brasil.

P - Continuo insistindo: e o Fernando Henrique?

R - Para mim, é o Getúlio da ditadura, o Castelo Branco e o JK. Todos tiveram de fazer concessões, porque é impossível governar sem tampar o nariz – é impossível, no regime democrata. Agora, pode anotar: o futuro dirá que o maior reformador do Brasil terá sido o Fernando Henrique. É difícil avaliar, no curso de um mandato, o resultado. Mas quem fizer a análise, mais tarde, desta época incrivelmente turbulenta no mundo todo, parecida com tempo de guerra, dará o devido crédito ao Fernando Henrique. Não é comum, em nenhum lugar do mundo, que o poder seja ocupado por alguém tão preparado como ele.

P - Examinemos os políticos atuais: Antônio Carlos Magalhães, por exemplo?

R - Antônio Carlos Magalhães, nas circunstâncias do Brasil, é um grande político, porque tem uma extraordinária percepção do sentimento do povo. Ele, na Bahia, como o Sarney, no Maranhão, andam na rua sem segurança. ACM é hábil, sabe até onde vai, não ultrapassa o ponto, tenta ocupar todo o espaço que estiver disponível. Indiscutivelmente um grande político!

P - Dizem que ele orienta a pauta, recomenda notícias...

R – Se você se refere à *TV Globo*, isso é apenas uma piada de mau gosto. A palavra "recomendação" nunca foi pronunciada para mim pelo Roberto Irineu, nem pelo João Roberto ou José Roberto – na prática, meus diretores. A única orientação que recebi foi a de fazer um jornalismo respeitável, isento, imparcial, objetivo, exato, urgente, respeitando a lei, o direito das pessoas, as testemunhas, as vítimas... Isto é a única razão da minha vinda para cá – foi nestes termos e foi para sinalizar isto mesmo! Se é assim com quem me emprega, chega a ser ridículo imaginar que eu pudesse receber recomendação de qualquer estranho ao meu trabalho.

P - Há gente que você considera honesta escrevendo sobre televisão?

R - O Ivan Ângelo é uma camarada honesto. O *Estadão* procura ser isento. O Gabriel Priolli implica com o nosso jornalismo, o que o torna um pouco parcial, mas merece respeito. Já na *Folha* (*de S.Paulo*) não há ninguém. O Otavinho não permite. Fui recebido por ele gentilmente, numa visita que fiz ao jornal, quando estava no *Globo*. Mas eu sei, porque tenho informação de dentro do Conselho Editorial, que a ordem lá é perseguir a *Globo*, mesmo que seja com injustiças e mentiras.

P - Em que medida anunciantes podem influenciar os rumos editoriais da TV, como os fabricantes de remédios diante do surgimento dos genéricos?

R - Não temos interesse comercial nenhum a defender – não queremos saber quem são nossos anunciantes, isto não nos interessa. Só queremos saber o seguinte: se similares ou genéricos forem bons para o nosso telespectador, se a relação de preço for boa e os remédios reconhecidos pela entidade oficial, nós vamos dizer isso persistentemente. Nós vamos alertar o nosso telespectador. Para nós, a diferença entre similares e genéricos é burocrática, pura e simplesmente porque a Vigilância Sanitária declarou bons tanto os similares que estão à venda quanto os genéricos. Logo, tanto faz se é similar ou genérico, porque nós não vamos alterar coisa nenhuma na maneira como tratamos desse assunto.

P - Gostaria de saber exatamente a história de sua indicação para o cargo de diretor do *Globo* pelo José Luís Magalhães Lins.

R - Eu era assessor de imprensa do Jânio Quadros quando ele renunciou. Fiquei em Brasília pelo *Estadão*, a convite do Fernando Pedreira. Eu era repórter político quando, em 66, ele veio para o Rio para ser diretor e me indicou para ser diretor lá. Fiquei como diretor do *Estadão* em Brasília de 66 a novembro de 71. O José Luís era concunhado do Pedreira, porque a Vivi Nabuco tinha se separado do marido, Antônio Carlos de Almeida Braga, e estava casada com o Pedreira. Então ele era naquele momento concunhado do José Luís. Eles conviviam, naturalmente, e o Fernando Pedreira fazia referências elogiosas a meu respeito. Moacir Padilha era o diretor de redação do *Globo*, mas não se sabia com câncer terminal. Eu devia ir no começo de 72 para São Paulo ser chefe de redação do *Estadão*. Tudo já estava acertado com o Pedreira. Aí o Castelo entrou um dia na minha casa para dizer: "Olha, o Roberto Marinho está te convidando para ser diretor do *Globo*". Virei para o Castelo e disse: "Por que não você?" E o Castelo: "Porque ele não me convidou." O Zé Luiz tinha me indicado. E o Castelo reforçou: "Você prefere ser segundo em São Paulo ou primeiro no Rio?". A resposta era e foi óbvia.

P - Qual era a sua imagem do *Globo*, naquele momento?

R - Era o grande jornal do Rio, sem dúvida nenhuma, mas estava posicionado como um jornal de apoio irrestrito ao regime. Em Brasília, a marca era que o *Globo* tinha apoiado em editorial a invasão da universidade... Isso causou uma mágoa muito grande no público, sobretudo entre os moços, os universitários.

P - E como foram os contatos iniciais com o Dr. Roberto?

R - Na primeira vez, estivemos apenas os dois, na casa do Cosme Velho. Ele queria me ouvir, saber o que eu achava que deveria ser um jornal moderno, ágil... Me chamou para uma nova conversa em que estava o Rogério (*Marinho, irmão de Roberto*).

P - E ao "fechar negócio", o que ele disse?

R - "Eu não agüento mais levar tanto furo!" (*sorrisos*) Embora ainda estivéssemos no apogeu da ditadura, o Dr. Roberto já tinha a percepção de que aquilo ali não ia durar. Era ruim. Começamos então, eu, o Zé Augusto Ribeiro e o Henrique Caban, a mexer no jornal, tendo como meta principal conquistar a mocidade, a universidade. O caderno de Vestibular foi idéia do Caban, assim como o suplemento do Vestibular.

P - E os Jornais de Bairro também, não?

R - Não. Bairros foi o Dr. Roberto. E não foi uma coisa assim, "vamos planejar um jornal assim e assim..." É: "quero em uma semana" (*risos*). "Caderno de TV? Sim, quero para domingo." E saiu numa semana, saiu no domingo.

P - Como ele passa as suas vontades, suas intenções?

R - Ele nunca foi de ditar diretrizes. Conversava horas comigo, contava como foi com o pai, como era isso, como era aquilo. E ali eu percebia como era a personalidade dele: bom de lidar, humilde, atento, receptivo. Quando se estabelece uma relação de empatia, as coisas vão bem.

P – Você acha mesmo que, para corrigir os erros de "Notícias do Planalto", livro de Mário Sérgio Conti, você teria de escrever outro cartapácio ainda maior?

R - Isso é um exagero meu, né? Na verdade, 80% do que está escrito ali coincidem com o que a gente acha que aconteceu. O erro fundamental é citar as fontes e, no final do livro, as pessoas com quem conversou. Você, como leitor, presume que toda referência a uma pessoa que tenha sido fonte tenha sido checada, o que não ocorreu. Digo que não ocorreu comigo. Ele cita um episódio engraçado, no livro, em que o Dr. Roberto pergunta a mim o que achei sobre um texto dele. "Posso ser franco?", pergunto no livro. Resposta: "Mais ou menos!" É engraçado, mas não foi comigo, foi com o Merval (Pereira Filho, atual diretor de Redação do *Globo*). O autor não voltou a mim para verificar se tinha acontecido. Além disso, deu um tratamento injusto ao Armando Nogueira, o verdadeiro autor de uma barreira interna contra toda a poluição e as pressões militares no telejornalismo. E só os panacas não sabem o terror e a resistência na *Globo* durante a ditadura; a tentativa permanente, aqui dentro, de se noticiar as coisas como se passavam. Tentar driblar a censura. Diretas já... a pressão que o Dr. Roberto sofreu para não dar destaque foi uma coisa louca.

P - Quem vai escrever a biografia do Dr. Roberto? Você?

R - Não tenho esse convite, não receberei e nem aceitarei; não sou biógrafo. Nem pensar, não tem lógica, não aceitaria, não aceitarei. Me faltaria isenção.

P - E a sua própria biografia?

R - Não tenho biografia. Toda autobiografia é um grande equívoco. Porque é cheia de omissões e bastante incompleta, já que nunca li a narrativa da morte do autor escrita por ele mesmo.

JONATHAN D. BEARD

Jornalista americano, especializado em Ciência e Tecnologia

Pouco depois da minha chegada à Universidade de Columbia, em Nova York, onde fui fazer o Mestrado em Jornalismo, nossa turma foi levada a conhecer suas instalações. Quando chegamos à Biblioteca da Faculdade de Jornalismo, fomos recebidos por um biblioteconomista e jornalista que se tornaria meu grande amigo: Jonathan Beard. Éramos dois alunos brasileiros, eu e Maria Costa Pinto, e ele um poliglota espantoso que nos tratou com carinho especial. Isso foi em 1975. Desde então nos correspondemos, primeiro por carta e depois por email. Ele foi o primeiro entrevistado do meu site. Aceitou de bom grado ser minha cobaia e me concedeu essa entrevista por email – que não teria a mesma graça se fosse traduzida, como o leitor poderá perceber.

"Three Jews Own the American Media"

Entrevista concedida em 18/02/2000

Jornalista americano convertido ao Judaísmo, é especializado em Ciências e Tecnologia. Escreve regularmente para a revista semanal britânica *New Scientist*, contribui para a *World Press Review* e mantém colunas sobre Química e Medicina na Web. Autodidata, trabalha com sete línguas, além do Inglês e do Português. Estudou História Brasileira na Universidade de Columbia, em NY, onde conheceu diversos jornalistas brasileiros.

P - Since when do you have contacts with Brazil?

R - I took a course on Brazilian History at Columbia, as an undergraduate, in 1968-69. That was the beginning of my intense interest in Brazil.

P - How come can you read in Portuguese?

R - I took some Spanish, some German, some French and some Italian in High School and then in University. But by and large I taught myself by reading and translating. I taught myself to read Dutch and the Scandinavian languages without any courses.

P - Why are Americans so self-centered?

R- Because God was an American before he died, and he left the Earth to us in his will.

P - Why did you become a Jew?

R - Oh, boy. I did not really become a Jew. I converted for one reason only. I wanted to marry Rachel because her parents made our lives miserable when we lived together. She would not marry me except in a religious ceremony, so I converted to accomplish that. I do not consider myself a Jew or anything else, other than a White-American. I grew up as a Unitarian, which is "nothing but you go to church".

P - "Goyim" usually say the Jews own the Media. Is it true?

R - Absolutely! *CNN, ABC, NBC, CBS, The New York Times, The Wall Street Journal, The Los Angeles Times* and every magazine except for

Playboy are owned by just 3 Jews. All of the news anchors on every TV station, even in Kansas, are Jews. There are hundreds of Jewish plastic surgeons who have taken these Jews, given them blond hair implants, small noses, and vacant expressions.

The Sulzberger family controls the *NY Times* for about 90 years. German Jews but they all converted to become Episcopalians about 30 years ago and none of them now alive consider themselves Jews, nor marry Jews. But anti-semites still consider it a Jewish paper.

P - How do you like Brazilian journalism?

R - To read and understand things, you need a context, which I largely lack. I could recognize gross political trends and *Veja*'s attitudes towards them, but nothing more. During the dictatorship it was obvious what *Veja* was doing. Such as its initial enthusiasm for the sem terra terraristas (*sic*), since it does not like the grandsons of the coroneis (*sic*), and then I could see the magazine turn against the MST. It is a well edited, well written magazine, a nicely packaged consumer product aimed at the bourgeoisie of Rio and Sao Paulo and Miami.

LUIZ GARCIA

Editor de Opinião de O Globo*

Quando cheguei ao *Globo*, em 1974, Luiz Garcia — com Caban, José Augusto e Evandro — comandava a redação. Era um homem sério e algo severo, mas a nossa relação sempre foi boa e ficou melhor ainda quando fui para a Columbia. Entrei para um grupo pequeno de "brasileiros da Columbia", que inclui Alberto Dines, Danton Jobim e o próprio Luiz Garcia...

Por mais que se saiba inglês, o Mestrado em Jornalismo na Columbia é, em muitos momentos, um terror. E eu acabei tomando pau numa cadeira chamada Edição. Davam-nos um exemplar do *New York Times* e pediam que o melhorássemos – foi impossível. Eu ainda apelei ao professor, alegando que era estrangeiro, que iria voltar para o Brasil... Evidentemente, eu procurava um "jeitinho", que não existia.

Pensei em desistir. Escrevi uma carta chorosa para Luiz Garcia. Ele me respondeu nesses termos: "Se você pensou que ia estudar jornalismo, lamento, mas cometeu um grave engano. Você foi para ver como os americanos fazem jornalismo e, mais importante, viver em Nova Iorque, que é o centro da mídia universal. Aproveite bastante essas duas experiências. E um segredo aqui entre nós: jornalista a gente já nasce – tem

* Função que exercia na época da entrevista.

que trazer de casa a curiosidade de uma velha solteirona e a ética de um frade trapista. Tendo isso, bastam meia dúzia de coisas que você já saiu daqui sabendo e que se aprende numa apostila". Essa carta me estimulou a permanecer no Mestrado.

"A coisa mais chata do mundo é escrever a favor"

Entrevista concedida em 09/01/2000

Aos 64 anos, o editor de Opinião do *Globo* confessa ter ficado nervoso no lançamento do seu primeiro livro, "O mundo, esse lírio — artigos sobre jornalismo e outras coisas", em novembro (de 2000). Autor do "Manual de Redação e Estilo do Globo", publicado em 1992 a partir da crítica diária interna que faz do jornal, Luiz Garcia fala a Vitor Sznejder e Iuri Totti sobre o seu início na profissão e o futuro do jornalista.

Noite de Autógrafos

"O título do livro recém-lançado (novembro de 2000) é o título de um artigo. Lírio é uma flor branca que simboliza a pureza, e aí é ironicamente, no sentido de ingênuo. Foi a minha primeira e última noite de autógrafos! Fica-se muito nervoso, acha-se que não vem ninguém! Todos colocam os nomes naqueles papeizinhos, e você tem que ler, mas disfarçadamente, porque todo mundo quer ser reconhecido. Vendeu 150 exemplares, mais ou menos."

Lama, Buraco, Capim

"Carlos Lacerda era vizinho nosso e uns amigos meus arranjaram de fazer um estágio lá na *Tribuna da Imprensa*, me propuseram ir junto e eu fui. Ao fim do ano eles foram embora, hoje ganham rios de dinheiro como advogados e eu fiquei jornalista até hoje – não larguei! Saía junto com um repórter, acompanhava, chamava-se "lama-buraco-capim". Você vai à rua, ouve queixa de morador, da população, faz enquete... Havia três tipos de profissionais: funcionário público fazendo bico, político e escritor esperando começar a carreira. Eu não era nenhum dos três, era um garoto tentando descobrir o que queria fazer da vida."

Chefe dos copidesques

"Fiquei até 1961, com um intervalo em que fui estudar na Columbia University, nos Estados Unidos. Valeu muito a experiência, nem tanto o curso, muito elementar. Acho que aproveitei mais a cidade... Voltei para a *Tribuna* e ela foi vendida. Vim para *O Globo* em 1961 e passei um ano e meio como chefe dos copidesques. Em 1963, Prudente de Moraes Neto me chamou para chefiar a sucursal do *Estadão*, onde fiquei até 1968, quando Odylo Costa Filho me convidou para chefiar a sucursal da *Veja* no Rio. Era a inauguração da revista. Ela demorou muito a dar dinheiro, mas foi lançada com grande entusiasmo, em outubro de 68 – governo Costa e Silva. As coisas pioraram com o AI-5, em 1969, o derrame do presidente, a Junta Militar..."

Mino Carta

"Começaram com a idéia de fazer matérias abrangentes demais — tudo sobre cada assunto. O texto parecia ser escrito por uma pessoa só. As sucursais mandavam apenas relatórios e era muito ruim... O primeiro cara que começou realmente a mexer na revista, a dar uma sacudida, foi o Mino Carta, para mim um bom diretor de revista."

Edição Nacional

"Quando comecei no *Globo*, em 1961, a sala do Dr. Roberto era contígua à redação; quem ficava na redação eram Ricardo e Rogério (Marinho). O Alves Pinheiro já estava de saída, mas ainda era o chefe de reportagem, mandava praticamente em tudo. À noite fechava-se uma edição nacional, pequena, sem anúncio, que era mandada para fora do Rio, e às 6 horas da manhã entrava outra equipe, que acrescentava os anúncios e as notícias da manhã."

Subeditor chefe

"Voltei (ao *Globo*) em 1974, como subeditor chefe. Evandro Carlos de Andrade, Henrique Caban e José Augusto estavam começando e, para mim, o que marcou o início da decolagem do *Globo* nessa fase foi o lançamento da edição de domingo. Nós lançamos a edição de domingo e o *JB* lançou a edição de segunda-feira. A nossa era e é muito forte no futebol; eles vieram com a idéia de não fazer uma segunda-feira tão forte no futebol... Assim, não perdemos na segunda e ganhamos muito no domingo."

Editor de Opinião

"Hoje em dia sou muito ajudado pelo fato de que existe um Conselho Editorial das Organizações Globo, que se reúne todas as terças-feiras. Nestas reuniões a gente discute diversos temas. Atualizo-me, fico sabendo o que pensam os acionistas sobre determinados assuntos. Não temos qualquer compromisso de falar bem ou mal do governo, nem do estado, nem de municípios, nem do país. Em geral, freqüentemente, falamos mal." *(risos)*

Editoriais

"Tenho três editorialistas e o Luiz Paulo Horta, que é o meu substituto imediato. Os outros são o George Vidor, o Berilo Vargas e o Ronald Fucs. Faço uma reunião todos os dias às 15 horas e a gente decide os assuntos. Freqüentemente tenho uma idéia que é derrubada... Na Economia, toda hora o Vidor me convence de que uma idéia que eu tenho não é boa."

O pior revisor

"Costumo pedir para outros lerem as coisas que eu escrevo... Acho que o autor é o pior revisor do próprio texto. Você lê aquilo que achava que devia escrever! Quando assino, gosto de escrever sobre qualquer assunto referente à profissão... Escrever contra! *(risos)* A coisa mais chata do mundo é escrever a favor. Escrever contra é muito mais fácil – e mais gostoso, porque eu gosto de colocar um pouco de humor."

A armadilha

"A arrogância é a nossa armadilha mais presente, porque é muito grande o poder que temos. A arrogância é um perigo. Já existe um certo autopoliciamento, nesse sentido, inclusive porque o leitor começa a reagir em relação ao jornal como se porta o consumidor em relação a qualquer outro produto: reclama!"

Jornalismo on-line

"Não é verdade que ele seja o espelho do jornal impresso. Nele, as notícias estão mais próximas do rádio, a notícia é mais seca, o mais direta possível. No jornal, somos um sistema de dar notícias distanciadas da hora em que elas acontecem, com o máximo possível de interpretação e explicação. Trabalhamos com mercadorias inteiramente diferentes! O leitor vai julgar o *Globo Online* pelo critério da velocidade, e vai julgar o *Globo* (impresso) pela sua capacidade de apresentar o assunto de uma forma mais ampla e profunda."

"Algumas"

"Acordo às seis e meia e tomo café lendo os jornais. Na leitura do *Globo*, levo em geral duas horas e meia. Marco os erros a caneta, depois vou para o computador. O Manual de Redação, que derivou do "Algumas" *(um temido relatório dos erros de cada edição, que é enviado diaria-*

mente para toda a redação), nos ensinou onde tínhamos pontos fracos, pontos fortes e áreas nebulosas... Às vezes me irrita um pouquinho, sim, a repetição de erros. Mas se todo mundo escrever certinho, eu perco o meu emprego!" *(risos)*

O Jovem Jornalista

"Está entrando numa profissão muito difícil, que tem o mercado de trabalho muito pequeno e que é extremamente gratificante para a minoria que consegue fazer o que gosta. E nem sempre você vai fazer o que gosta..."

MERVAL PEREIRA

Diretor de Jornalismo das Organizações Globo

Quando o conheci, Merval Pereira estava em sua segunda passagem pelo *Globo*, recém-chegado da Europa. Aparentava desleixo no vestir e usava cabelos muito longos e em desalinho. Assinava as mais importantes matérias de Polícia e despertava minha admiração de estagiário: eu queria "ser Merval", se e quando fosse contratado!

Merval aprendeu muitas coisas com Evandro, inclusive a vestir-se, e tão bem que o sucedeu na direção de Jornalismo do *Globo*, quando Evandro foi para a televisão. Foi o meu segundo entrevistado, por sugestão do Evandro. Aquela conversa sobre quem o sucederia ele interrompeu com um sorriso e um desafio: "Pergunte ao Merval, ora!". Foi esse o mote da minha solicitação de entrevista, prontamente atendida.

Na época da nossa conversa, ele era diretor de jornalismo da *Infoglobo* (responsável pelos jornais e pelo *Globo Online*) e depois tornou-se diretor de jornalismo de mídia impressa e rádio das Organizações Globo, o que implica responsabilidade por tudo, menos a televisão. Quando conversamos a última vez, na preparação deste livro, ele se lembrou da minha pergunta inicial (dizem que você vai suceder o Evandro na TV, é verdade?) e da sua resposta: "Boatos".

Em seu mais recente email, ele diz:

"Veja que os boatos na ocasião estavam errados mesmo.

Abs,

Merval".

Pura vocação jornalística

Entrevista concedida em 12/04/2000

Ele se formou pelas mãos de Evandro Carlos de Andrade, figura que admira acima de todas as outras e menciona Elio Gaspari como um dos mais brilhantes jornalistas da sua geração. Sobre ele, dizia o próprio Evandro: "Merval é pura vocação jornalística. Fomos companheiros de trabalho durante 24 anos no *Globo*, com pequenas interrupções ditadas pela ansiedade dele. É um apaixonado pela notícia e essa paixão lhe acelerou a carreira, desde repórter esportivo até a direção da Redação do *Globo*, cargo que exerce com brilho e integridade invariáveis, exemplo que é de dedicação absoluta e inabalável caráter. É meu amigo, sempre leal, mas esse sentimento não interfere na avaliação profissional que aqui faço."

Já Elio Gaspari lembra o tempo em que não teve Merval ao seu lado, para fazer um elogio que todo jornalista gostaria de ouvir: "Trabalho com o Merval no *Globo* e já trabalhamos juntos na *Veja*. Minhas más lembranças vêm do tempo em que ele estava no *Globo* e eu no *Jornal do Brasil*. Tê-lo como concorrente é um mau negócio. Posso dizer isso porque carrego as cicatrizes."

A propósito da influência de Evandro, dois temas vieram à tona: teria Merval herdado o seu propalado autoritarismo? E teriam fundamento os boatos que o indicavam como o seu possível sucessor na *TV Globo*?

P - Vamos começar do começo? Você é Merval Pereira Filho. Quem era seu pai? Onde você nasceu? Por que a opção pelo jornalismo?

R - Nasci no Rio de Janeiro, em 49. Meus pais são maranhenses e se encontraram no Rio por acaso: ele era médico e minha mãe, filha de um senador pelo Maranhão, trabalhava no Instituto do Sal que existia aqui no Rio, na época a capital e onde funcionava o Senado.

P - Nenhum jornalista ou escritor na família?

R - Bem, tinha um tio, que conheci só de ouvir histórias. Foi editorialista de um jornal lá no Maranhão. E meu avô, Clodomir Cardoso, além de político, era escritor. Sempre gostei muito de ler. Meu pai tinha uma biblioteca muito boa. Quando garoto, li toda a coleção do Eça de Queiroz, por exemplo. Clássicos franceses, muito Machado de Assis e assim por diante. Lia muito, gostava de ler e escrever. Depois veio a época dos grandes cronistas brasileiros, como Fernando Sabino, Paulo Mendes Campos e Rubem Braga. A gente lia todos, discutia. Escrevia umas crônicas, e, claro, sim, fiz o jornalzinho da escola, como todo mundo. Mas nunca tinha pensado em fazer Jornalismo. Fiz vestibular e cursei um ano de Direito.

P - Por quê?

R - Era a opção de quase todos na época. Estudei muito tempo no São Vicente de Paula e lá não havia o clássico, só o científico. Tentei acompanhar a minha turma que foi para o científico, mas não agüentei física, química, essas coisas. Então fui para o Andrews, fazer o clássico. Lá, todo meu grupo foi fazer Direito e eu também. No ano em que passei no vestibular, meu pai me disse: "A partir dos 18 anos tem que trabalhar, não quero saber em quê, escolhe o que você quer fazer e eu arranjo." Naquela época, estágio era fácil, dava para arranjar. "Quero trabalhar em jornal", respondi, meio para escapar da pressão.

P - E assim começou a carreira?

R - É que antes, como eu não me definia, meu pai arranjou um trabalho num banco. Coloquei um terno, fui para a cidade, olhei o banco e nem me apresentei para o sujeito. Voltei. *(risos)* Então fui estagiar no *Diário de Notícias*. Um jornal que tinha sido importante, mas estava decadente. Quase desisti de Jornalismo! Era um pardieiro horroroso, na Rua do Riachuelo, onde hoje funciona a *Folha Dirigida*.

P - Mas por que tão horroroso assim?

R - Uma das imagens que nunca saem da minha cabeça é a da cantina do *Diário de Notícias*, que ficava no subsolo: você descia por uma escadinha de caracol velha e tinha uma cantina lá, horrorosa. Eu sempre ia jantar, comer um sanduíche, e tinha um bando de velhinhos tomando cafezinho ou uma média. E havia um pote cheio de biscoitos tipo cream-cracker: eles pegavam um, molhavam no café e comiam. As camisas todas puídas no colarinho, as gravatas besuntadas... Eu olhava aquilo e pensava: "Meu futuro é isso aí... não vai dar certo!" *(risos)*

P - Como superou esse choque inicial?

R - Não superei. Fiquei lá uns seis meses. Um dia descobri que meu editor não recebia salário havia não sei quanto tempo e que vendia anúncio para ganhar uma porcentagem. "Isto não vai dar certo", pensei de novo. *(risos)* Um dia saí; desisti sem nada em vista!

P - E seu pai?

R - Voltou a insistir. Me deu um contato no *Globo*. Ligou para o doutor Rogério (Rogério Marinho, vice-presidente do *Globo*) e vim fazer um estágio aqui, em 1968. Moacir Padilha era o diretor. Leonidio Barros era o chefe da redação, havia o Armindo Blanco e o Carlos Tavares e poucos outros; era basicamente isto. Aconteceu então uma coisa engraçadíssima. O Barros era famoso como chefe. Ele me recebeu e foi logo dizendo: "Merval e Leonídio são nomes de crioulos. Como nós somos brancos, eu me chamo Barros e você Pereira". Só que o Barros era mulatíssimo. Eu pensei de novo: "Isso não vai dar certo". Mas fiquei, e durante muito tempo só fui chamado de Pereira. O prédio do *Globo* era outro pardieiro, uma redação velha em todos os sentidos. Havia apenas eu e mais duas pessoas com idades em torno de 18 e 19 anos e poucos jornalistas full-time: a maioria era de funcionários públicos que faziam bico aqui. O salário era muito baixo. Naquela época não dava para viver de jornalismo.

P - Mas a Imprensa brasileira era toda assim, na época, não é verdade?

R - Naquela época a profissão não era regulamentada, não se exigia nível universitário, havia um baixo grau de profissionalismo de ambas as partes, patrões e jornalistas. O *Jornal do Brasil* já era mais organizado profissionalmente, o *Estadão* também. O *JB* era o grande jornal na ocasião, o sonho de todo mundo. Acabei realizando o sonho quase 25 anos depois: fui editor-chefe do *JB* entre 91 e 92. Não era mais aquela potência, mas ainda tinha influência. Bem: fiquei na Reportagem Geral muito tempo, até 1971, quando o Evandro (Carlos de Andrade) chegou. Antes dele, o (Henrique) Caban entrou para chefiar a redação e começou a falar em reorganizar, dividir os repórteres em categorias etc.

P - Lembra de alguma matéria em especial desse período?

R - O jornal resolveu fazer uma série de reportagens sobre os dez anos da Sudene. Era pegar um carro e sair viajando pela área da Sudene com um fotógrafo. Ninguém quis ir; eram 40 dias de viagem e eu me ofereci. Foi interessante para mim e fiz uma série enorme de matérias, as minhas primeiras assinadas.

P - Ficaram boas?

R - Algumas, muito boas. Se pegar hoje, você vai ter sérias críticas, mas na época marcou. Foi uma coisa diferente para quem estava começando e não foi um desastre, tanto que eu continuei no jornal... *(risos)* Foi muito marcante conhecer aquela parte do Brasil. Foi muito bom, também, para o meu relacionamento dentro da redação.

P - A propósito, como foi, em geral, a sua relação com os colegas?

R - Nunca tive nenhum tipo de problema. Ao contrário, o que eu mais queria era aprender a fazer jornal e ali estavam as pessoas que sabiam fazer. Dei sorte, aí sim, de pegar a profissão numa fase de ascensão, de início de profissionalismo mesmo, de reorganização e pelas mãos certas, que foram as do Evandro. Ele chegou e eu era repórter; ele não tinha nenhuma referência sobre mim.

P - Como foi o primeiro contato com ele?

R - Uma vez fiz uma matéria de polícia, não lembro a data, um caso muito interessante que aconteceu aqui no Rio, naquele castelinho no Flamengo que hoje é um centro cultural. Aquilo era um inferno, uma cabeça-de-porco: só moravam hippies e mendigos, era uma mistura danada. Um hippie argentino foi acolhido por um casal e acabou assassinando um dos dois ou os dois, já não me lembro, depois de um relacionamento complicado, com drogas e sexo grupal. Isso deu uma confusão tremenda. Pois essa matéria foi ótima para mim porque um dia Evandro entrou na redação, perguntou quem tinha feito a matéria e me cumprimentou.

O engraçado foi quando ele me chamou para trabalhar no Esporte. Me fez a seguinte pergunta: "Você acha que todo juiz de futebol é ladrão?". "Acho!", respondi, sem pestanejar. Eu sempre fui um torcedor fanático do Fluminense, hoje com o ânimo um pouco arrefecido pela realidade. Então ele começou a rir. "Eu queria te chamar para cobrir Esporte, mas deste jeito não vai dar." Começamos a falar sobre futebol, ele tinha feito Esporte no *Diário Carioca*. E me disse que, acompanhando a politicagem no futebol, eu estaria aprendendo para mais tarde acompanhar a política nacional. Deu certo.

P - E você? Gostava, jogava alguma coisa?

R - Gostava, mas jogava muito mal. Fui fazer Esporte, acho que em 1974.

P - Vamos dar uma paradinha? Você saiu do *Globo* em 73. O que você foi fazer na Europa?

R - Na verdade, fui porque tinha me separado e queria dar umas voltas. Fui morar em Londres; fiz um curso de gravura em metal.

P - Chegou a produzir alguma coisa?

R - Pintei e fiz gravuras por algum tempo, mas parei. Penso muito em voltar. Tenho algumas coisas em casa, mas nunca mais tive tempo. Adoro pintura, mato minha incapacidade de realizar lendo muito sobre pintura, indo a museus, comprando quadros. Mas um dia volto a pintar. Quando estudei em Stanford, por exemplo, aproveitei para fazer um curso de História da Arte.

P - Fez alguma coisa para o jornal, durante a viagem?

R - Quando fui para a Europa, o José Augusto Ribeiro, secretário de redação, perguntou se eu não queria ficar como correspondente. Eu não estava a fim, porque queria espairecer; e depois não sabia falar inglês. "Não vou me comprometer com uma coisa dessas", pensei. Na verdade, uma das coisas que me animaram a viajar foi aprender inglês, abrir a cabeça, ver coisas. Então resolvi que era bom ficar na minha e só voltei um ano e meio depois, desempregado e com minha primeira filha para nascer.

P - Bela situação...

R - Pois é. Então vim aqui, falei com o Evandro e o Caban e retomei, acho que primeiro na Geral. Eu usava cabelos compridos, bem compridos, como muitos jovens da época. Caban me olhou e me mandou logo fazer uma reportagem numa delegacia. Fui tratado com tanto preconceito pelos policiais, que me olhavam como se eu fosse hippie e não jornalista, que entendi o truque do Caban. Em vez de me mandar cortar o cabelo, me fez sentir na carne os problemas que teria. Resultado: cortei o cabelo imediatamente. Logo depois fui para o Esporte. Foi aí, na verdade, que fiz Esporte, não antes.

P - E por pouco tempo, porque logo depois foi para Brasília, certo?

R - Em 1974, o Evandro me indicou para ser o repórter credenciado no Palácio do Planalto, em Brasília. Achei legal ele ter intuído que eu tinha potencial para fazer, embora fosse um repórter de esportes e não demonstrasse, à época, nenhum pendor especial pela política. E gostei muito de ter tido coragem de aceitar. Senti na hora que era uma oportunidade, em todos os sentidos. Acho que foi uma das duas ou três decisões fundamentais que tomei na profissão.

P - E como foi a adaptação a Brasília, à cidade?

R – Me saí muito bem. Gosto muito de Brasília, já morei lá duas vezes.

P - E o trabalho?

R - Dei muita sorte, porque quando o Geisel assumiu, havia o projeto de abertura e o Humberto Barreto, que era o assessor de imprensa, viera aos jornais pedir que mandassem pessoas qualificadas para cobrir o Palácio. Na verdade, a imprensa era parte fundamental do projeto do Golbery. Eles usaram muito os jornais e as revistas para criar fatos consumados e para começar a discussão sobre a abertura política.

O Humberto Barreto era uma fonte espetacular, uma pessoa muito bem informada, uma espécie de filho adotivo do Geisel. Fiquei muito próximo a ele. Tínhamos contatos diários, longas conversas e tive acesso a muitas informações. Acabei conhecendo o Golbery e o Heitor Ferreira, que foi secretário particular do Geisel e do Figueiredo, uma peça política importante naquele esquema... Foi um período muito fértil. Tanto que acabei ganhando um Prêmio Esso com uma série de reportagens que escrevi com o André Gustavo Stumpf sobre a sucessão do Geisel. E a série acabou virando um livro que é considerado uma das referências para os estudiosos daquele período. O livro ainda hoje é citado tanto por estudiosos brasileiros, como o Ronaldo Costa Couto, quanto por brasilianistas, como o Thomas Skidmore.

P - E você assumiu uma chefia muito jovem para os padrões da época... Como foi?

R - Em 1977, eu tinha 27 anos e assumi a chefia da sucursal em Brasília, ainda no governo Geisel. Não foi difícil, a sucursal era excelente. E eu era repórter. O fato de um repórter assumir a chefia já foi uma coisa muito boa para o grupo. Era um grupo que se dava muito bem, tinha uma ótima convivência. Outra coisa: eu tinha um contato muito forte com o *Globo*, no Rio. Conhecia todo mundo, bastava pegar o telefone. E tinha um acesso muito grande ao Palácio, que na época era a grande fonte de Poder e de informação.

P - Quem foram os políticos que mais o impressionaram?

R - Havia no Congresso um grupo de políticos importantes: Petrônio Portela, um político extraordinário que costurava os acordos com a sociedade civil como ninguém; o hoje vice-presidente Marco Maciel, empenhado sempre na transição do autoritarismo para a democracia; o deputado Nelson Marchezan... Na oposição, tinha o Ulysses Guimarães, um símbolo da resistência à ditadura, Franco Montoro, Paes de Andrade, Thales Ramalho... E havia o pessoal do Palácio. Ali se encastelavam também os inimigos do Golbery: o general Hugo Abreu, chefe do Gabinete Militar, foi uma boa fonte do outro lado, por exemplo.

P - Nesse período você cobriu o Palácio também para a *TV Globo*, certo?

R - Quando fui para Brasília, a idéia era que os repórteres especiais fizessem isso. Fiquei um ano trabalhando para a TV, ganhando o salário da televisão, e não conseguia entrar no vídeo porque a Alice Maria achava que meu bigode era torto. *(risos)* Ela dizia que eu tinha dificuldade na televisão. Com esta fama de que a Alice não gostava, ninguém me colocava no ar. Eu tinha boas notícias, passava, mas não aparecia. Hoje somos amigos, ela já desistiu de consertar meu bigode e acha até que eu tenho boa desenvoltura na televisão. *(risos)*

P - Ficava caro, não?

R - Pois é. Aí o Costa Manso, que trabalhava no *Globo*, ficou só na televisão. Ele era muito desenvolto, foi o primeiro repórter a ficar famoso. E eu fiquei só no *Globo*.

P - Como você se sente diante das câmeras e, aliás, diante das pessoas em situações públicas?

R - Sou muito tímido. Na minha relação pessoal, social, não tenho problema. Difícil é falar em público e, na televisão, resolvi esquecer que tem gente do outro lado da câmera. *(risos)* Mas uma vez eu estava sentado para gravar um comentário para a *TV Globo* nas eleições de 82 e me avisaram que seria ao vivo. Um problema técnico qualquer aconteceu e o programa, que era gravado todo dia, iria direto naquele dia. Pensei que fosse morrer. Tive a impressão de que iria desmaiar no ar, não lembrava sobre o que iria falar... Terminou e eu estava ensopado de suor! Mas, mesmo com dificuldade para falar em público, aceito convites para toda palestra que seja importante para *O Globo*. E acaba que você se acostuma.

P - Falamos do repórter político, mas eu esqueci de perguntar sobre as suas posições políticas pessoais.

R - Na faculdade, nunca participei de política estudantil diretamente; não era um ativista. Sempre tive posições mais próximas da esquerda, mas sem grandes envolvimentos. Minha família não era de esquerda, ao contrário, mas era contra a ditadura. Meu avô era da UDN, um político conservador, mas legalista. O ex-presidente Sarney, por exemplo, bem mais moço, começou na política com ele.

No *Globo*, tive contato com jornalistas ligados ao Partido Comunista na época: o Milton Coelho da Graça, o Milton Temer (hoje deputado pelo PT), o Caban... E também com colegas que participaram da luta armada, mesmo da Guerrilha do Araguaia, que eram combatidos pelo PCB. Na época em que vivi em Londres, conheci vários exilados políticos. Sempre votei no MDB, depois passei a votar no PSDB.

Mas na época em que cobria o Palácio do Planalto, por exemplo, sentia que participava de um momento importante e tinha a exata noção de que o projeto de distensão política era fundamental para o país.

P - Você deve ter conhecido o presidente FHC quando morou em Brasília.

R - Fernando Henrique eu conheci quando ele chegou em Brasília para assumir no Senado como suplente do Montoro. Isso em 83. A primeira entrevista como senador ele deu a mim, para as páginas amarelas da *Veja*. Até hoje ele cita essa entrevista como tendo sido importante na sua vida política. Mais tarde, ainda senador, ele foi uma das pessoas que fizeram cartas de recomendação para a bolsa que ganhei em Stanford. Ele foi professor de lá, de modo que a indicação foi importante.

P - Como foi essa passagem pela *Veja*?

R - Em 1982 eu era editor de Política (do *Globo*, no Rio) e vagou o cargo de editor-chefe adjunto. Éramos três ou quatro editores que potencialmente podiam assumir o cargo. Pensei: "Dois desses eu aceito, acho que merecem, têm condições... mas se for fulano eu não aceito". E foi fulano. Então resolvi sair.

P - Você não quer dizer como se chamava o "fulano"?

R - Não quero porque ele já morreu. Comecei a ligar para os amigos, me colocando no mercado, e aí o Elio Gaspari me levou para a *Veja* em Brasília, onde fiquei por um ano chefiando a sucursal. Depois fui para São Paulo, ser editor nacional, e em seguida voltei para o Rio para ser chefe da sucursal. Isto já em 85. Dois anos e meio de *Veja*.

P - Eu me lembro de você ter comentado uma vez que gostaria de ser correspondente internacional...

R - É verdade, um projeto que sempre tive e ainda tenho... E nessa ocasião da *Veja*, que eu comentava, cheguei a conversar com o Elio, porque ia vagar o cargo de correspondente em Paris. Mas acabei vindo para o Rio, chefiar a sucursal da *Veja*, e de lá voltei para o *Globo* como editor-chefe adjunto, em 85. Fiquei aqui até 91 quando, já como editor-chefe, ganhei a tal bolsa para a Universidade de Stanford.

P - Estudou o quê, exatamente?

R - Eu sentia necessidade de um tempo para estudar mais organizadamente. E essa era uma boa oportunidade. A Knight Foundation financia um curso para jornalistas, estrangeiros e americanos, na Universidade de Stanford: você pode estudar qualquer coisa, menos jornalismo. A idéia é dar um tempo para que o jornalista se especialize. Escolhi Política Internacional – meu projeto foi sobre os Estados Unidos como potência mundial única, a mudança no cenário mundial com a crise soviética. Foi um ano de muito estudo, muita leitura e muito crescimento. Outro passo fundamental na minha vida e na minha carreira.

P - Na sua função atual, você tem de ser tanto jornalista quanto administrador. Como concilia as duas coisas? Há momentos em que o jornalista precisa ser deixado de lado?

R - Ao contrário, não deixei de ser jornalista não. É por ser jornalista que fui indicado para acumular a diretoria de Jornalismo com a diretoria de Unidade do *Globo*, cuidando também da circulação do jornal e de seus resultados. O que acho interessante nesta experiência de jornalista fazendo gestão de empresa é que os jornalistas sempre criticaram o lado comercial das empresas jornalísticas. A decisão de colocar jornalistas para cuidar do negócio é muito inteligente: primeiro, porque você sinaliza para o mercado qual é o objetivo principal desta empresa; segundo, você garante que o jornalismo não será afetado pela parte comercial.

P - Você pode receber um anunciante do jornal que vem reclamar de matérias jornalísticas...

R - Sim, e deixo muito claro que a intenção não é prejudicar ninguém, mas que as notícias têm prioridade. Só garanto que a isenção do *Globo* será rigorosíssima. A maior possível.

P - Como funciona a estrutura de Unidades de Negócios?

R - A idéia é que a Unidade de Negócio seja responsável pela circulação e redação, além de cobrar resultados da área comercial. Eu sou do *Globo*, Renato Maurício Prado, do *Extra*, e o Amaury Mello, que agora está na *Globo.com*, cuidava dos novos meios. Estamos procurando um caminho que coloque o jornalista com visão de negócios, sem perder o foco jornalístico. Porque obviamente é uma besteira fazer um jornal que vá acabar porque não dá lucro. Mas o lado comercial não pode se sobrepor ao jornalístico, sob pena de você perder a credibilidade, como aconteceu recentemente no caso do *Los Angeles Times*, um caso emblemático e que, graças a Deus, terminou em fracasso do Mark Willes *(risos)*.

A esse respeito, gosto de contar uma história do Abe Rosenthal, famoso editor do *New York Times*. Estando em uma festa em Nova York, ele foi se irritando com os elogios que ouvia sobre o *New York Herald Tribune*. "Esse, sim, é um grande jornal, com estilo", dizia um. Outros se referiam a grandes reportagens publicadas pelo *Herald*. Até que o Rosenthal pegou uma nota de 1 dólar, deu ao falastrão e pediu: "Desce ali na esquina e compra um jornal desses para eu ver". O cara, espantado, respondeu: "Ora, Abe. Você sabe que o *Herald* não existe mais". Ao que Rosenthal respondeu: "Então bom é o meu, que continua saindo todos os dias".

P - Mas como explicar as diferenças que existem entre administrar um produto como jornal e um outro mais identificado como mercadoria, digamos, carros?

R - Essa discussão nós temos muito aqui na diretoria. Ela é formada por cinco engenheiros e eu e Renato, que somos jornalistas. Há sempre choques de interpretação, de visão. A visão de jornalista é diferente da de outros profissionais. Temos um diretor financeiro, por exemplo, que vem justamente da indústria automobilística. Mas é claro que tem muita coisa parecida nas empresas, e a gente tem que aprender com a prática dos outros. Exemplo: se você está acompanhando a evolução do preço do papel no mundo, e a tendência, como a de hoje, é de alta no mercado internacional, você não tomará decisões que possam colocar o negócio em risco no ano que vem.

Se você entende que o horário de fechamento é importante porque um atraso de dez minutos impacta uma série de coisas na linha de produção, você fecha na hora o jornal. Se acha isto uma bobagem ou não entende, seu jornal não vai chegar na hora ao leitor. E, na outra mão, se você consegue passar para os outros gerentes que o produto jornal é especial, consegue que a empresa funcione melhor.

Exemplo: no final do ano nós fizemos uma foto em Copacabana, convidamos os leitores a se unirem numa homenagem ao Ano 2000, que estava chegando. Foi uma idéia ótima que a redação teve e o pessoal do marketing apoiou. O Industrial disse, primeiro, que não dava para fazer. A foto iria ficar sem registro. Se o diretor do Industrial não tivesse a sensibilidade para o fato de que a qualidade podia até ficar um pouco pior, mas que o sentido jornalístico era a alma da questão, a gente não teria feito.

P - E a administração dos recursos humanos, quando se trata de jornalistas? Em que é diferente?

R - Jornalista por índole é insubmisso, é um ser inquieto permanentemente e você tem que incentivar esta inquietude. Jornalista tranqüilo, que acha que a vida é boa, que está tudo bem, que não se angustia, que não desconfia, não descobre fatos novos ou pelo menos não tenta descobri-los. Esta coisa de disciplina é diferente em redação. Nós na redação crescemos discutindo, toda decisão é tomada depois de muita discussão. Ao mesmo tempo, você tem um prazo para a discussão, senão seu jornal não sai e aí tem que ter uma disciplina rígida. Tomam-se mais decisões em uma redação de jornal do que em outras empresas todos os dias. Decisões que são cruciais, éticas, sutis, de cunho moral, político. E agora, com a Internet, tudo em tempo real.

P - Dizem que você é tão autoritário quanto o Evandro... *(sorriso)*

R - Já fui um chefe muito autoritário. Também, pudera, tive bons mestres. *(risos)* A pessoa que mais influenciou na minha vida profissional foi o Evandro. E o Elio Gaspari, outra de minhas admirações, também é um autoritário de marca maior. Mas os tempos eram outros; essa era a prática nas redações. Hoje reconheço que é impossível comandar um grupo minimamente capaz na base do autoritarismo. Prefiro conversar, embora às vezes me arrependa desse democratismo e tenha vontade de exercer o poder com mais rigor. *(risos)* De vez em quando tenho uma recaída. Às vezes, é preciso.

P - E o Evandro?

R - Ele é muito passional, às vezes, assim como eu. É um traço dele. Mas a irritação logo passa. E as pessoas que o conhecem, mesmo as que o criticam, têm admiração por ele ter a capacidade de mesclar um senso de autoridade muito forte com uma dose de bom senso grande. O Evandro é uma pessoa especial, tem uma capacidade fenomenal de ser amigo, é de uma generosidade incomum, e, ao mesmo tempo, é capaz de ferir profundamente. Já disse que foi a pessoa que mais me influenciou profissionalmente. Mas nossa relação vai além do profissional. Também na vida pessoal Evandro teve grande influência na minha formação. E sempre pelo exemplo.

P - Volta e meia há boatos de que você o sucederá na *TV Globo*...

R - Primeiro, acho que o Evandro não sai tão cedo, ele está muito bem, cheio de planos. Reformulou o jornalismo da *TV Globo* e o Jornal Nacional passa por uma fase excepcional de furos jornalísticos. Agora mesmo até o cenário ele mudou. Além disso, não existe nada de automático, nenhuma linha ligando a direção de jornalismo do *Globo* com a da TV. Ao contrário: o caso do Evandro foi uma exceção. Ele é um caso especial. É muito simplista achar que porque aconteceu com o Evandro, acontecerá comigo também.

MINO CARTA

Diretor de Redação da CartaCapital

Sempre admirei Mino Carta à distância, desde os tempos da *Veja*, passando pela *IstoÉ* e, agora, pela *CartaCapital*, da qual sou leitor assíduo. Quando comecei esta série de entrevistas, queria entrevistá-lo. Como não nos conhecíamos, tive uma certa dificuldade para conseguir marcar a conversa, a princípio. Depois de algumas semanas de negociação, um dia, foi ele quem me "entrevistou" pelo telefone. Falamos de alguns amigos em comum, como o Alberto Dines e o Evandro Carlos de Andrade. Dias depois, Mino me recebeu na redação, em São Paulo.

O jornalista dava atenção a mim e a todo mundo ao mesmo tempo, o que já estava me deixando desconfortável. De repente, ele pareceu se animar e me levou para outro andar da casa, onde funcionava a *CartaCapital*. Aí, a entrevista correu bem e só foi interrompida pelo filho dele, que ligava da Europa.

O livro do qual o criador da *Veja* me falou naquela noite em primeira mão, "O castelo de âmbar", foi lançado em novembro de 2000 e já está na quinta edição, tendo vendido quase 20 mil exemplares. A *CartaCapital* passou a ser semanal em agosto e tem nova composição acionária. Mino é "um dos cinco ou seis sócios".

"O jornalismo brasileiro hoje é excepcionalmente ruim"

Entrevista concedida em 15 de fevereiro de 2000

O jornalista e pintor Demetrio (Mino) Carta anuncia a quem interessar possa que está terminando de escrever um livro. De que tipo? No estilo dos editoriais que ele escrevia para a Veja durante o período mais negro da ditadura militar: personagens fictícios e fantásticos, numa história em que se identificam fatos e figuras reais. Em outras palavras, uma "autobiografia ficcional" ou ficção autobiográfica, datilografada numa boa e velha máquina de escrever manual.

O livro está sendo escrito com base na sua imaginação e memória, pelo simples fato de que Mino não tem guardadas as coleções dos muitos veículos que criou: *Quatro Rodas, Veja, Jornal da Tarde, Jornal da República, Isto É, Senhor, Carta Capital* etc.

Filosoficamente um discípulo de Gramsci ("otimista na ação, pessimista na inteligência"), Mino Carta concedeu esta entrevista bebericando goles de refrigerante "light", mas pegando pesado com o espírito crítico que preconiza para o exercício do jornalismo.

P - Você está com 66 anos, não é mesmo?

R - Há dúvidas. Não sei se foi novembro de 33 ou fevereiro de 34. *(sorrisos)*

P - E tornou-se jornalista por causa do exemplo paterno?

R - Eu virei jornalista por causa de um terno azul-marinho. *(risos)*

P - Como é isso?

R - Chegaremos lá. O sogro do meu pai também era jornalista. E meu pai, por sua vez, virou jornalista por causa do meu avô. Meu avô era jornalista desde os 15 anos de idade e dirigiu jornais de alguma importância, mas aí chegou o fascismo na Itália e ele perdeu o emprego. Quando meu pai se casou, em 1927 (ele era formado em Direito, mas precisava de um emprego), meu avô disse: "Eu te arrumo um emprego". Ele acabou gostando e virou jornalista e muito bom jornalista.

P - Quando vieram para o Brasil?

R - Ele veio para cá em agosto de 46, chamado pelo Matarazzo, que procurava um jornalista jovem que estivesse disposto a transpor o Atlântico e se mudar para cá, para dirigir a organização *Folha de S.Paulo*, da qual então ele supunha ter o controle da maioria das ações. Meu pai tinha 41 anos e dirigia o principal jornal de Gênova, onde eu nasci. Chama-se *Il Secolo XIX* e ainda hoje é o jornal mais forte da região. Convicto de que vinha pela frente uma 3ª Guerra Mundial, com dois filhos pequenos, meu pai achava que aqui teríamos segurança.

Mas ao chegar, evidentemente com tudo pago, o Matarazzo o chamou para dizer que, traído por um pequeno grupo empresarial, já não tinha a maioria. "Mas posso lhe oferecer outro emprego na Editora Ipê, da qual sou sócio; vai lançar livros importantes". Meu pai recebeu a indenização prevista no contrato e ficou, como diretor artístico da Ipê. Aí ele foi chamado pelo Assis Chateaubriand, que queria fazer uma página em italiano no *Diário de S. Paulo*. Na Ipê, também trabalhava Paulo Duarte, redator-chefe do *Estadão*, e pela mão dele foi lá que meu pai acabou. Paulo Duarte havia sido o responsável pelo retorno do *Estadão* às mãos dos Mesquita, porque foi ele quem arrancou do Gastão Vidigal o cheque salvador, se não eles perderiam o jornal!

P - Como foi essa história?

R - Houve um leilão, o Gastão Vidigal arrumou o cheque para o Paulo Duarte, que convidou o meu pai para trabalhar como secretário – o *Estadão* estava se restabelecendo financeiramente, mas era provinciano, atrasado, fazia um jornalismo superado.

P - Como era a figura humana de seu pai?

R - Meu pai era um camarada muito legal, simpático, tolerante, muito melhor que o filho. Aí vem o Mundial de futebol de 1950. Meu pai recebe do *Il Messaggero*, de Roma, um pedido de matérias sobre a preparação da Copa. E ele destestava futebol! Então me convocou. "Olha, Mino, você não quer escrever estes artigos?"

P - Quantos anos você tinha? E o que fazia, nessa época?

R - Estava com 16 anos. Só pintava e estudava, havia terminado o Clássico – cheguei muito adiantado da Itália e entrei dois anos antes na faculdade.

P - Qual?

R - Direito, porque era uma tradição familiar. Meu avô era formado em direito, meu pai também.

P - Voltando ao convite...

R - Eu disse: Quanto vai dar isso? Ele disse: vai dar tanto. Então dá para fazer o terno azul-marinho para ir aos bailes de sábado... *(risos)*

Bom, enfim, surgiu o convite para trabalhar em um jornal de Turim. E aí topei – fui para Turim na véspera do Natal de 56. Comecei no dia 2 de janeiro e fiquei até março de 58. Trabalhei lá, aprendi bastante, mas estava pensando em pintar – tanto que, neste período, fiz uma exposição em Milão. Fui incentivado pelo principal crítico de São Paulo, Sérgio Milliet. Ele me colocou em uma exposição no Ibirapuera, em 56, sobre paisagem brasileira. Eram 20 pintores e "os outros" eram Di Cavalcanti, Rebolo, Tarsila, e por aí.

P - O que você pintava?

R - Paisagem, natureza morta... influenciado por artistas italianos... Em junho de 1958 me mudei para Roma, para trabalhar no *Messaggero*, e também fazia correspondência para o *Diário de Notícias* e o *Mundo Ilustrado*. O editor-chefe era o Joel Silveira. Meu irmão era diretor-editorial da Editora Abril, que estava no começo.

P - Fazia o Pato Donald, não é?

R - Havia uma série de revistas infantis, um esboço da idéia de fascículos, tinha uma revista chamada *Manequim*, a primeira na área de moda, e sonhava dar saltos. O Victor Civita queria lançar *Quatro Rodas* e meu irmão me indicou.

P - Como foi esse primeiro contato?

R - Chegou o tal do Victor Civita em Roma, me ligou e convidou para almoçar. Eu disse: "Não sei dirigir carros e não pretendo fazê-lo." *(risos)* "Isso é besteira", ele disse. Vai lá e, se der tudo certo, vamos lançar em 61 uma revista que vai se chamar *Veja*, para ser uma concorrente da *Manchete*!"

P - E foi esse aspecto que o cativou?

R - Sim, foi decisivo. Voltei em março de 60 e assumi o comando de uma redação que era composta por três pessoas, incluindo este que lhe fala e o diagramador. Tínhamos um fotógrafo free-lancer, mas a máquina era minha. Havia um mapista... os mapas eram um dos trunfos da revista, mapas rodoviários detalhados.

P - Verdade que você viajou numa kombi, com o Roberto Civita, para fazer a primeira matéria turística da *Quatro Rodas*, sobre a Via Dutra?

R - Sim, numa Kombi.

P - E como foi a convivência com ele?

R - Difícil! Roberto Civita é dotado exclusivamente de certezas, medíocre e arrogante. O pai era um realizador. Não é que tivesse grandes escrúpulos, queria ganhar a parada e fazia qualquer negócio para ganhar, mas era um fazedor, ia em todas as bolas, um lutador, e Roberto é um bobalhão.

P - Quem são os bons jornalistas da sua geração?

R - O jornalismo brasileiro hoje é excepcionalmente ruim. Você não acompanha o que está acontecendo no mundo pela imprensa brasileira, a não ser que você siga alguns programas de televisão a cabo. Por exemplo, os nossos suplementos de cultura ou programas na televisão não falam de cultura. A crítica morreu, não somente em Política; os grandes críticos estão velhos: Wilson Martins, Antônio Cândido, Sábato Magaldi. O Décio de Almeida Prado acaba de morrer.

P - Mas você não citaria um bom jornalista da sua geração?

R – Excelente foi o Cláudio Abramo, é da geração anterior. Este foi um jornalista completo, sabia tocar todos os instrumentos e podia virar diretor da orquestra. Este tipo de jornalista não existe mais.

P - Você formou algum sucessor?

R - Trabalhei com vários talentosos; alguns se perderam por terem aderido a um jogo qualquer.

P - Que jogo? Dinheiro?

R - Tem gente que ganha bem, não acho que são pessoas corruptas, mas toparam o jogo do poder, de uma forma ou de outra.

P – E quem foi adiante?

R - Gosto muito do Paulo Henrique Amorim, que trabalhou comigo; acho-o muito talentoso. Ele foi para a televisão, fez um programa excelente, e naturalmente o perdeu, um pouco por causa da emissora e muito por causa das pressões políticas, porque ele fazia um programa corajoso, tentava contar as coisas. O Elio Gaspari certamente é um jornalista de grande talento. E o Raimundo Pereira, um sonhador, um sujeito reto. Raimundo Pereira, Elio e Paulo Henrique Amorim são três jornalistas de mãos cheias. Mas posso citar ainda o Zé Hamilton, o Hamilton de Almeida, o Juca Kfouri, o Nirlando Beirão, o Tão Gomes Pinto. E há outros que me escapam, certamente.

P - Então você está dizendo que não formou ninguém?

R - Não formei ninguém, porque não sou professor. Da geração seguinte, o Bob (Fernandes) é o melhor repórter brasileiro, flor rara de caráter ilibado, posições boas e firmes, perdigueiro nato, de vivacidade extraordinária e texto excelente.

P - Falando em jornalistas, o que lhe pareceu o livro do Mário Sérgio Conti ("Notícias do Planalto")?

R – As pessoas se contentam com bobagens. O livro é jornalisticamente vulnerável e esteticamente discutível. Acontece que as pessoas gostam de fofocas, querem se divertir e é um trabalho que atende aos interesses de uma patota...

P - Por que "jornalisticamente vulnerável"?

R - O problema do livro do Mário Sérgio Conti é que ele não ouve as partes, ele ouve alguém e pronto. Segundo ele, me desentendi com o Roberto Civita e ele me mandou embora. Não é nada disto, durou dois anos esta coisa, pressões políticas. Você leu as declarações do Figueiredo a meu respeito, feitas em 87 e que saíram agora?

P - Lembre-as, por favor.

R - Figueiredo estava em um churrasco na casa de amigos, em 87, e gravaram um longo papo. Deveria ter tomado umas e outras... Ele está falando de Tancredo, Sarney, Marco Maciel, Antonio Carlos Magalhães. Ele fala do Roberto Marinho. Disse que o Roberto Marinho queria tudo para ele, era muito monopolista, acabou se indispondo com ele; fala do Victor Civita, dizendo que ia nele querendo imprimir fascículos e os livros do MEC. Isto a (TV) *Globo* informou no Fantástico e a *IstoÉ* deu.

Ele disse: "A este tipo de gente eu prefiro o Mino. O Mino tem este vício de contestar tudo; ele questiona tudo, é um chato, foi um crítico feroz do nosso regime. Geisel o odiava, se lhe derem chance ele vai querer reescrever o Evangelho, mas nunca ficou com o rabo preso!" Recortei e guardei. *(sorrisos)*

P - Voltemos um pouco à sua saída da *Veja*, em fevereiro de 1976...

R - Ofereci duas vezes a saída correta e eles por trás agiram da pior maneira. Quando fui embora, o Victor Civita correu atrás de mim para resolver, porque ele não queria assim. Então eu lhe disse: "me põe de novo no expediente da *Veja*, chama de volta o Plínio Marcos, que vocês mandaram embora depois que eu saí, e eu preparo uma carta de demissão, deixo com os redatores-chefes e a Redação se acalma. Não quero levar nada, não quero um tostão, quero ir embora, porque aqui não vou trabalhar mais. Seu filho é um cretino!"

"Não diga isto, diga ingênuo", Victor Civita me pediu. "O (Armando) Falcão vai dizer o quê?", perguntou. "Não tem problema, porque já marquei um encontro com o Falcão", respondi.

P - E como foi esse encontro?

R - "Por que você não vai para minha fazenda?" começou ele. "Passa lá dois meses embaixo das árvores frondosas, em bela rede, tomando alguma coisa. Mino, entenda o meu ponto: vinham quatro diretores da editora dizer que a culpa era sua, que a revista era como era por tua causa, o que você quer que eu faça?"

Pedi aos redatores-chefes que entregassem a carta de demissão. Saiu uma carta aos leitores que me deixou louco da vida. A carta dizia: o senhor Mino Carta se vai para um glorioso futuro. Fez esta revista maravilhosa, e agora será feliz em outro lugar. Preferia uma notinha de duas linhas comunicando a saída.

Ricardo Boechat

*Colunista**

Quando comecei em jornalismo, Ricardo Boechat era assessor do "Turco" (Ibrahim Sued), mas já era uma figura interessante. Apenas vinte anos depois, trabalhei com ele pela primeira vez. Foi no Bom-Dia Brasil, da *TV Globo*, onde eu era produtor/editor. Eu via o Boechat chegando sonolento, achando que não levava jeito para televisão... O Renato Machado sentava perto dele; eles discutiam as pautas e daí a uma hora estavam no ar, impecáveis. Tanto que as pesquisas da *Globo* apontavam Boechat como "a pessoa que mais *chegava perto* do público".

Em 2001, no *Globo*, a bancada da Nacional, onde eu voltara a trabalhar, ficava em frente à equipe dele. E eu via, todos os dias, a repetição de um ritual que me impressionava pela rigidez consigo mesmo: Boechat chegava, tirava o paletó e se lançava ao trabalho numa rotina que não permitia sequer uma ida ao cafezinho. Eram dois ou três aparelhos de telefone manejados ao mesmo tempo, nos quais ele falava ríspido e rápido. E havia um detalhe que chegava às raias do ridículo: ele fumava escondido. O cinzeiro ficava escondido numa gaveta; ele se abaixava para tragar e depois abanava a fumaça para disfarçar. No entanto, todo mundo sabia que ele fumava na redação; era o único a ter essa, digamos, prerrogativa.

* Na época da entrevista, assinava coluna em *O Globo*; hoje, no *Jornal do Brasil*.

Era interessante ver sua generosidade para com os humildes. A mesa dos contínuos, ao lado da dele, era uma festa contínua. O colunista despachava imediatamente para lá qualquer presente que chegasse. Não ficava com nada. Na entrevista que me concedeu, deixou escapar um gesto de generosidade extrema que pediu para cortar da edição final, alegando que o constrangia "ficar falando dessas coisas": um contínuo que trabalhara com ele e o Turco foi procurá-lo na redação do *Globo*, pedindo alguma ajuda. Ele o presenteou com um táxi. O sujeito até hoje ainda faz ponto perto do prédio da Rua Irineu Marinho.

Em junho de 2001, Boechat foi demitido do *Globo*, depois de 31 anos prestando serviços à casa, com breves interrupções. No mês seguinte, foi para o *Jornal do Brasil*, onde mantém sua coluna e foi diretor de redação.

O Atirador de Elite

Entrevista concedida em 15/10/2000

Ele não lerá esta entrevista, embora a tenha concedido de bom-grado e com bom humor, em sua mesa na redação do *Globo*. Admite que não lê nada e que tem especial aversão à Internet. Ganhador de dois Prêmios Esso, trabalha compulsivamente desde os 17 anos de idade, mas não se considera um *workaholic*. Suas notas exclusivas pautam os meios de comunicação e, ainda assim, ele rejeita o rótulo de formador de opinião. Prefere dizer-se, "mal-comparando, um atirador (de notícias) de elite."

P - Quem são e de onde vieram os Boechat?

R - São imigrantes suíços que vieram pra cá em meados do século passado, cento e tantas famílias atraídas por agenciadores portugueses com a oferta de terras pela Coroa brasileira. Foi um logro. Muitos morreram enquanto esperavam um demoradíssimo embarque em Portugal. Nesse bolo vieram os primeiros Boechats e desembarcaram aqui no Rio. O objetivo da viagem era ocupar terras no Sul do país, que não existiam. Todos acabaram compelidos a encontrar uma saída aqui mesmo no Estado do Rio e se fixaram na serra, onde fundaram a cidade de Friburgo. O meu velho, Dalton, é da terceira geração desses imigrantes.

P - O que ele fazia?

R - Formou-se em Filosofia, morou a vida inteira em Aperibé, na época um pequeno distrito do município de Pádua, no norte do Estado. Hoje é município.

P - Foi onde você nasceu?

R - Nasci em Buenos Aires, em 13 de julho de 1952. Meu pai era professor de línguas e filosofia e foi levado pelo Antonio Houaiss pra trabalhar como professor do Instituto Cultural Brasil-Argentina, a soldo do Itamaraty. Lá trabalhou um tempo, depois foi pra Montevidéu com a mesma tarefa, integrando a equipe de professores do Instituto Cultural Brasil-Uruguai. Nesse período, conheceu a minha mãe, Mercedes Carrascal, que é argentina de nascimento mas morava em Montevidéu. Casaram-se e lá tiveram quatro dos seus sete filhos. Os três últimos já nasceram no Brasil. Meu pai voltou em 1954 pra trabalhar na Petrobras, de onde só saiu dez anos depois, demitido por ocasião do golpe militar. Era um homem ligado à militância e à luta política. Na minha casa, política era uma coisa diária: se discutia, se falava, se lia, se debatia... muitos amigos dele freqüentavam a minha casa e alguns eram do Partidão (Partido Comunista Brasileiro).

P - Então você foi criado nesse ambiente altamente politizado...

R - No golpe de 1964 eu tinha 12 anos. Até o início da década de 70, quando a ditadura militar ficou mais violenta, minha casa continuou sendo um local de encontro, de discussões, embora meu pai, àquela altura, já estivesse cassado há anos e, vez por outra, voltasse a ser preso.

P - E você, o que fazia? Estudava?

R - Eu fui recrutado pelo Partidão com 14 anos. Fazíamos militância na área estudantil, basicamente secundarista, no Centro Educacional de Niterói, que era o meu colégio. Eu decidi abandonar a escola quando tinha 17 anos, não terminei sequer o curso Clássico, que equivale hoje ao período de 5ª a 8ª séries do Básico. Não queria mais ficar numa sala de aula ouvindo, anotando, estudando coisas. Eu queria fazer coisas.

P - Fazer, o quê? Já pensava em Jornalismo?

R - Nunca tinha pensado claramente em ser jornalista. Tentei emprego numa empresa que vendia material para escritório, e fui vender livro com a minha mãe. Meu pai chegou a ser um dos maiores vendedores da Barsa, que era a (enciclopédia) Britânica Brasileira.

P - A propósito, dizem as más línguas que você hoje em dia quase não lê, é verdade?

R - Hoje apenas folheio jornais e revistas, e não leio livros há muitos anos...

P - E a Internet? Algum site que lhe interesse?

R - Pouquíssimos, pouquíssimos, e quando me seduzem é logo na chamada. Nem sei mexer, não sei acessar, nem quero aprender. Não tenho saco!

P - Bom, mas voltando ao trabalho e ao Jornalismo...

R - Eu tinha gosto pelo noticiário político, mas vivíamos um período de censura. Então devorava o noticiário internacional. Era capaz de descrever nomes de aldeias e de oficiais envolvidos na guerra do Vietnã, Camboja, Laos etc. E, por sorte, aprendi datilografia no colégio. Essas eram as minhas duas afinidades primárias com o jornalismo. Meu primeiro emprego com carteira assinada e rotina foi no *Diário de Notícias*, pra onde fui em 1970. Quem me levou foi Kleber Saboya, que era o diretor comercial do jornal, pai de uma colega de escola.

P - Mas você foi contratado para fazer o quê?

R - Eu fui para lá sem função definida, porque eu não sabia rigorosamente porra nenhuma de jornal. O Kleber me deu uma oportunidade, me encaminhou para um chefe de reportagem e disse: "Ó, vê se esse menino dá pé, bota ele pra fazer algumas coisas aí". Eu fiquei ali, meio largado nesse ambiente, movido apenas pela vontade de fazer alguma coisa diferente do que eu vinha fazendo até então.

P - Como era o jornal?

R - O *Diário de Notícias* tinha naquela época um caderno escolar que dividia com um similar do *Jornal dos Sports* o mercado de anúncios e de notícias na área de cursinhos e vestibular. Esse era um tema que, durante determinado período do ano, era de alto interesse para a faixa de leitores jovens, que tentava ingressar na universidade, e suas famílias. Eu me engajei, digamos, como um pré-foca desse caderno, primeiro anotando coisas, recados, pautas, organizando os releases que chegavam... Os resultados dos vestibulares eram divulgados em listas datilografadas, às vezes com as notas manuscritas, aluno por aluno, prova por prova, e o jornal publicava essas listas. Em algumas ocasiões, não poucas, eu ia para as faculdades copiar isso aí. Dentro da redação, quando essas listas eram divulgadas, milhares de alunos ligavam aflitos pra tentar saber se tinham sido aprovados e eu também ficava atendendo esses telefonemas... Isso foi em 1970, 1971, e o Nilo Dantas, que era o editor-chefe do jornal, me via todo dia ali – eu chegava muito cedo e saía muito tarde. Foi ele quem me levou para trabalhar com Ibrahim Sued.

P - Então você já era esse *workaholic*, como é conhecido?

R - Eu não sou propriamente *workaholic*, eu apenas sei que, se eu trabalhar menos, não consigo notícias. Não é um problema de gosto.

P - OK, voltemos ao Nilo.

R - Um dia ele me chamou e disse: "Garoto, você quer fazer um bico?" Eu quero, Sr. Nilo! Ele disse: "Então vai nesse endereço aqui e procura o Ibrahim Sued." Eu tomei um susto! Porque o Ibrahim era uma celebridade e porque eu estava com 17 pra 18 anos, com todos aqueles valores e convicções da juventude, e de repente tenho esse dilema: ou faz a tua opção pelo que você imagina ser uma grande coerência ideológica...

P - Ou vai ganhar dinheiro? *(risos)*

R - O *Diário* pagava 400 cruzeiros por mês e pagava atrasado, na época já era um jornal pré-falimentar. O Ibrahim me ofereceu 600.

P - E como foi o seu primeiro contato com ele?

R - Cheguei lá no sábado, dei de cara com aquele mito, aquela figura. Ele me perguntou assim *(imitando a voz e o jeito)*: "Você é de esquerda?" Eu disse: "Não, seu Ibrahim, só se for da festiva" *(risos)*, porque naquela época você não brincava com isso! E ele retrucou: "Ah, essa é a pior de todas!" *(risos)*

E me explicou que aquilo era um estágio, um bico. "Você tem uns cadernos de telefone ali naquela gaveta (eram os cadernos que tinham sido deixados pelo João Bosco Serra, a quem eu estava substituindo). Pega ali os telefones e vai ligando. Diz que trabalha pra mim, pede notícia e escreve numa lauda, e me dá."

P - Vem daí o seu hábito de manter telefones anotados nesses "sebosos"?

R - É! (Mostra e folheia, orgulhoso, cadernos em espiral com folhas amareladas pelo tempo.) Passei a trabalhar no Ibrahim e pra você ter idéia de como foi difícil a adaptação, depois de quatro anos lá, eu desci no elevador com ele às 13h30min.de um sábado, e ele disse assim: *(imitando)* "Ó, garoto, rasguei o teu bilhete azul ontem! Até ontem tu tava com o bilhete azul na minha gaveta!" Queria dizer que era a minha demissão, porque ele achava que até o quarto ano eu ainda não tinha aprendido a fazer aquilo, e provavelmente estava certo.

P - Difícil, hein? *(risos)*

R - Tinha que ter estômago...

P - Seria essa a origem da tua gastrite?

R - Pode ser, provavelmente... Eu ralei muito lá, ah, penei muito. Não tinha conversa! Eu trabalhei lá 14 anos e sofri 14 anos, até 1983!

P - Mas provavelmente aprendeu muito, né?

R - Eu costumo dizer que o Ibrahim era um excelente professor e um péssimo patrão. O Turco era um grande colunista, o maior colunista, mas ele era um personagem do seu próprio noticiário: era a visão dele, o comentário dele, era muito a primeira pessoa... e ele tinha notícia como ninguém, e tinha um faro inigualável. Mas a notícia para o Ibrahim era sempre parte de um universo que ele tratava como algo que partia ou vinha pra ele.

P - Neste sentido você faz um trabalho completamente diferente...

R - Eu lido com a notícia como qualquer editor aqui. Nesse sentido, eu tenho mais instrumentos de discussão jornalística do que ele tinha, e boto isso num grau de exigência que, reconheço, tem feito mal, física e psicologicamente, a mim e a quem trabalhou comigo...

P - E dava pra viver bem com aquela grana do Ibrahim?

R - Enquanto estive no Ibrahim, sempre tive paralelamente outro trabalho! Como pagava muito mal, e talvez percebendo que fosse bom pra ele e pra você ter outras experiências, ele ia te indicando pra bicos, pra assessorias etc.

P - Por exemplo?

R - Ele me indicou pro editor-chefe da *Rádio Nacional*, onde eu trabalhei durante uns dois anos e meio; também por dica dele, fui assessor de imprensa da Embratel e do Copacabana Palace.

P - Mas então, por que você se irrita tanto com os assessores de imprensa?

R - Não, ao contrário! Na verdade, tenho bronca é de qualquer um que esteja militando nesta atividade e se esqueça de que o seu produto é a notícia. Esses tomam o teu tempo, te ligam nas horas de fechamento, nas horas mais absurdas... Mas não tenho nenhum preconceito! Penso que as corporações, as instituições, os governos têm que ter as suas estruturas pra lidar com a mídia, e essas estruturas, não raro, têm acesso privilegiado a determinadas notícias e essas é o que eu quero, através dessas é que eu quero me relacionar com elas. O resto, doutor, não me interessa e eu digo isso pra eles! Então, pode parecer que há uma certa resistência à função, mas não é. É muito comum você ver jornalistas se esquecerem de que são jornalistas e pensarem que se formaram em assessores, o que não existe.

P - Pois eu tinha a impressão de que você só atende a algumas pessoas...

R - Não, eu atendo todo mundo! Aqui (na equipe) todo mundo atende tudo, nós não temos secretária!

P - Você atenderia ao assessor da Carla Perez? *(risos)*

R - O que eu não quero é atender o assessor da Carla Perez pra qualquer coisa que não seja notícia... Mas, atenção! Também não quero perder tempo com o assessor do presidente da República pra qualquer coisa que não seja notícia!

P - Essa regra vale pra todo mundo, inclusive para amigos como o Moreira Franco, de quem você foi assessor de imprensa?

R - Todo mundo! E o Moreira é um belo exemplo, porque é uma fonte horrorosa, nunca teve sensibilidade pra saber o que é notícia. Mas ele reconhece isso... *(risos)*

P - Como foi essa assessoria? Ele era de Niterói, não?

R - Moreira Franco saiu candidato a deputado federal pelo MDB do Estado do Rio em 1974; era genro do almirante Amaral Peixoto, um político com quem o Partidão tinha relações muito boas. O almirante era um contribuinte contumaz, nas campanhas de arrecadação para as finanças do partido. A política do Partido Comunista Brasileiro era ter candidatos próprios, quadros que ainda estivessem na legalidade, o que era difícil... E como eram poucos, o partido apoiou, aqui e acolá, outros candidatos, numa política de ampliação de alianças.

Trabalhei pela eleição do Moreira em função dessa circunstância. Tive poucos contatos com ele, e muito superficiais, em panfletagens e comícios. Mas em 1976, quando ele se elegeu prefeito de Niterói, novamente foi apoiado pelo Partido, que teve a prerrogativa de fazer algumas indicações. Eu fui levado para a assessoria de imprensa do Moreira como uma tarefa do partido e continuei trabalhando com o Ibrahim!

P - Mas como era possível conciliar essas coisas?

R - Eu ia pra Prefeitura de manhã cedo, muito cedo, dava os primeiros encaminhamentos e vinha pro Rio fazer a coluna do Ibrahim. Era muito mais fácil fechar a coluna do Ibrahim do que fechar uma coluna como a minha, hoje.

P - Por quê?

R - Não havia essa enorme quantidade de colunas especializadas disputando notícias, e, paradoxalmente, a censura era um fator de vantagem porque a coluna transitava por bastidores, permitiam-se abordagens mais informais, declarações em off etc.. Além disso, a figura do Ibrahim era vista como aliada do sistema, então você abria algumas portas quando ligava... O ministro Armando Falcão, que não tinha nada a declarar pra ninguém, era uma belíssima fonte – em off, claro —, dando notas importantes, antecipando coisas.

P - Voltando à Prefeitura...

R - Fiquei na Prefeitura até o Moreira ir pro PDS, naquele racha do MDB do Estado... não lembro o ano, sei que houve um processo de rompimento no MDB, quando houve a fusão (dos Estados do Rio e da Guanabara).

P - Mas vocês permaneceram amigos?

R - Ainda que eu tenha ido pelas razões que já descrevi, a gente criou uma relação de amizade e passei a ser um amigo pessoal dele. E ainda sou, embora as nossas rotinas se tenham distanciado já há muitos anos. Mas ainda nos falamos com freqüência...

P - Você tem consciência de que a suas notas pautam o Brasil?

R - Essa é uma característica das colunas no Brasil. Pode-se admitir que a minha faça isso com mais freqüência. Tenho uma equipe talvez mais equilibrada, num jornal grande, a televisão dá mais visibilidade, enfim...

P - Qual é a missão do jornalismo?

R - Informar, difundir fatos.

P - E que tal "formar" cidadãos?

R - Quem forma é a família, a escola, é o núcleo de vida do cotidiano do cidadão, é a sua comunidade, a sua cultura, sua religião – isso forma.

P - Sua opinião sobre o jornalismo praticado hoje, de maneira geral, não parece ser das mais elogiosas...

R - O jornalismo brasileiro é repetitivo, oficialista, depende assombrosamente do mundo institucional. Alimenta-se daquele Triângulo das Bermudas formado pela Câmara, Senado e Planalto numa intensidade que talvez não interesse ao Brasil verdadeiro, à sociedade, ao cidadão comum. E todos os jornais fazem igual, o que talvez explique aquele fenômeno, sobre o qual já falamos, das colunas brasileiras serem tão mais lidas e pautarem tão mais do que no resto do mundo.

P - Percebo que você é generoso com os que o cercam...

R - Minha maneira de lidar com o mundo nada tem a ver com o fato de exercer o jornalismo. Sou o que sou porque fui educado assim. Se posso ajudar alguém, ajudo. Mas, atenção, não sou uma patronesse da ABBR nem a Irmã Dulce. Estou muito aquém do que um homem com as minhas condições pode fazer! Talvez eu esteja muito além da média do que a sociedade brasileira... Como as sociedades do mundo contemporâneo transformaram-se em predadoras de si mesmas e dos seus semelhantes numa intensidade que o mundo jamais viu, eu talvez não esteja acompanhando esse processo de desumanização com a mesma violência e rapidez.

P - Mudando de assunto: você é o apresentador do vídeo institucional da Infoglobo. A que se deve a sua escolha? Por você representar a imagem do jornal? Por integrar, por assim dizer, a sua cúpula?

R - Atendi a um pedido da Ana Luisa Marinho (gerente de marketing institucional da Infoglobo), por quem eu tenho um grande carinho; e não posso negar que é motivo de orgulho saber que uma pesquisa identificou a imagem da minha coluna com a do *Globo*. Quanto a integrar a cúpula do jornal, de jeito algum – sou como todos aqui dentro. No máximo, eu sou alguém que eles ouvem. Além disso, seria uma apatia muito grande, minha, uma negação da minha própria personalidade, não ir lá encher o saco deles. O que eu faço, isto sim, é permanentemente encher o saco deles! Eu provoco, eu me considero um provocador.

P - Como no caso do Dossiê Cayman, por exemplo?

R - Eu fui o primeiro a ter a informação de que existia o dossiê. Até hoje acredito que existe um dossiê sério, verdadeiro, como acredito piamente no fato de que o ministro Sérgio Motta e seus companheiros de São Paulo deram um destino qualquer à monumental sobra de dinheiro da campanha da primeira eleição do Fernando Henrique Cardoso. E não creio que esse destino tenha sido a ABBR, ou a APAE, ou o Instituto do Coração. Confio no caráter, na probidade, na seriedade de propósito, na sinceridade religiosa do pastor Caio Fábio! Tenho absoluta convicção de que ele estava falando de alguma coisa muito mais séria do que a contra-informação do governo conseguiu fazer crer, com a ajuda da mídia.

P - Mas ao apostar nessas coisas você corre um grande risco, não é, de ter uma enorme margem de erro?

R - Mal-comparando, é como se eu fosse um atirador de elite, tá? O atirador de elite não é o chefe de polícia, ele não é o teórico da segurança pública, não é o ator principal do filme, ele não é merda nenhuma; ele é um figurante, mas tem uma função específica e vital que é a de disparar uma única bala e resolver o problema. Você tem que aceitar como parte desta atividade uma margem de erro, porque, se não tivesse margem de erro, o atirador seria o herói do filme. Eu estou aqui dando tiro o dia inteiro. Cabe ao público concluir que minha média de acertos justifica que ele volte a ler a minha coluna no dia seguinte. Eu estou no *Globo* há 17 anos e na batalha há 30. Todo dia este contrato é renovado por pessoas que eu não conheço. Então, eu acho que a margem de acerto tem sido satisfatória. Quanto aos erros, tenho que agir com honestidade, corrigi-los, desculpar-me e pagar um preço por isso se o atingido resolver ir à Justiça também.

P - Pai amantíssimo de cinco filhos, por que, em sua opinião, é mais difícil manter um casamento do que cuidar de filhos?

R - Casamento é mais difícil, é a relação entre dois iguais, entre dois adultos que já delinearam a sua personalidade, seu universo, seus interesses, idiossincrasias, neuras, desilusões etc... O filho, além de não estar ainda maculado por tudo isso, ainda é mais permeável à tua influência e autoridade. Além do que, a relação com os filhos está revestida de um fatalismo maior: não há ex-filho, você tá ali na compulsoriedade! *(risos)*

P - Você sabe do poder de sedução que exerce sobre as mulheres da redação, não sabe? *(sorriso)*

R - Eu? Nem eu sabia disso! *(sério)* Nunca fui conquistador nem mulherengo. Casei muito cedo, fui monogâmico. Mais monogâmico do que fiel. *(risos)*

P - Explica a diferença, por favor?

R - Monogamia é um fato estatístico; a fidelidade é um fato afetivo, moral, ético. Além do mais, sempre achei muito trabalhoso pular a cerca. O infiel tem que ter boa memória, tem que guardar uma quantidade monumental de álibis e versões... *(ar de cansaço)*... Eu vou te dizer: você vê a hora que se chega aqui, a hora que se sai, a rotina que se leva... chega num fim de semana ou numa hora que você possa sair mais cedo... eu quero ir pra casa, eu quero ficar quieto, não quero pensar, quero tomar um banho, quero ver um filme, entendeu?

P - Que tipo de filme?

R - Qualquer um. Eu vejo qualquer porcaria...

RODOLFO KONDER

Diretor Cultural do UniFMU (Faculdades Metropolitanas Unidas)

Rua do Curtume, São Paulo. Era ali que ainda funcionavam várias revistas da Abril, no final dos anos 1970, quando cheguei à redação da *Nova*, acolhido por Marcia Neder e Fátima Ali. Havia um único outro redator do sexo masculino. As colegas jornalistas eram belas, elegantes, inteligentes e, para meu espanto e inveja, paparicavam incessantemente aquele companheiro.

Rodolfo Konder estava sempre cercado das colegas da *Nova* e de outras revistas. Sentar-me à mesa à sua frente foi uma verdadeira escola de vida para mim. Logo descobri seus encantos: excelente escritor, culto, inteligente, charmoso, bonito e sedutor – recém-chegado de mais um de seus vários exílios – Konder havia corajosamente denunciado as torturas e a morte do seu amigo e colega Wladimir Herzog, com quem esteve preso na Rua Tutóia.

De caráter generoso e elegante, Rodolfo me prestigiou com a sua amizade pessoal e coleguismo. Na hora do almoço dávamos uma caminhada "para manter a forma" e eu lhe fazia perguntas sobre política, profissão, relacionamentos afetivos. Logo tornei-me mais um de seus muitos pupilos.

Anos depois, quando ele foi secretário estadual de Cultura de SP, convidei-o a integrar a comitiva de jornalistas brasileiros à Venezuela, onde se desenvolvia um seminário internacional sobre o jornalismo nas ditaduras de várias partes do mundo. Helena Salem, de saudosa memória, integrou com brilho a comitiva brasileira.

Escusado dizer que, em sua palestra, Konder fascinou a platéia com o relato pausado e cheio de detalhes de suas epopéias mundo afora. Nossa amizade estreitou-se ainda mais em Caracas, entre as conferências, cerimônias e mais caminhadas....

Entrevistei-o quando já havia deixado a Secretaria de Cultura e assumira uma diretoria na FIAM (Faculdades Integradas Alcântara Machado), entidade educacional privada em São Paulo. Pedi-lhe que me atualizasse sobre sua vida, para este livro:

> *"Depois da nossa entrevista, deixei a direção da FIAM, provavelmente porque descobriram que eu não era o Leandro Konder... (*) Apesar disso, fiquei um ano no comando da faculdade – e hoje os alunos pedem o meu retorno, em abaixo-assinado. Uma polida no meu ego. Agora, fui nomeado Diretor Cultural do UniFMU. Dizem que é uma promoção. (...)"*

Aventuras, exílios e contradições

Entrevista concedida em 07/03/2001

Jornalista, escritor, ativista político, Rodolfo Konder foi testemunha do assassinato sob tortura, em 1976, do colega Vladimir Herzog. Seu

*Filósofo, professor e escritor, também guru de toda uma geração de intelectuais brasileiros, Leandro é irmão mais velho de Rodolfo, que muito o admira.

corajoso depoimento a esse respeito, ainda em pleno regime ditatorial, ajudou a mudar os rumos da história recente do Brasil. A história de sua vida renderia um roteiro cinematográfico, cheio de aventuras, exílios e contradições: imperdoavelmente, para muitos dos seus ex-companheiros do Partido Comunista, Konder foi secretário de Cultura de São Paulo nos governos Maluf e Pitta, de quem fala nesta entrevista, concedida em março de 2001. Aborda, ainda, o processo de desintegração da personalidade do amigo e também jornalista Pimenta Neves que, há um ano, assassinou a tiros a namorada, a jornalista Sandra Gomide.

P - Onde você nasceu?

R - Em Natal, no Rio Grande do Norte. Meu pai, Valério Konder, era médico e estava desenvolvendo um projeto de saúde pública para o governo de lá. Mas era também estudioso de História, especialmente portuguesa e brasileira. Ele foi dirigente do PCB, candidato a senador. Esteve preso na ditadura Getúlio Vargas. Ficou dois anos na cadeia, ao lado do Graciliano Ramos. Em "Memórias do Cárcere", aparece várias vezes. Um capítulo do livro narra uma batalha travada por ele dentro da prisão para acabar com os percevejos, coisa típica de médico sanitarista. O Graciliano Ramos era amigo dele e depois me tornei grande amigo do filho do Graciliano, o Ricardo.

P - E seu irmão, Leandro?

R - Meu irmão, Leandro Konder, é dois anos e pouco mais velho. Ficava em casa lendo, enquanto eu ia para a rua jogar futebol. Tem mais de 30 livros publicados e é professor de Filosofia na PUC do Rio. Era do Partidão também, agora está no PT. Éramos todos da linha do eurocomunismo, discípulos dos italianos. Nós vínhamos da direita do Partidão, mas estávamos mais na direção da social-democracia...

P - O socialismo, então, é uma tradição de família?

R - Não, meu avô era um tremendo reacionário. Alemão, com disfarçadas simpatias pelo nazismo; o único que se tornou marxista foi papai. A partir daí, alguns irmãos dele também se bandearam para a esquerda. O velho tinha uma influência muito grande. Lembro-me de um dia em que estávamos fazendo panfletagem – ele era sempre candidato... a deputado, senador, e a gente fazia campanha. A polícia foi lá em casa (o velho foi preso mais de vinte vezes). Quem o tirava da cadeia era o Evandro Lins e Silva, que era casado com a irmã dele, minha tia. O Leandro havia feito panfletagem na favela. O velho enfrentou a polícia, era um homem corajoso. Eu, morrendo de medo. De repente, papai diz: "Rodolfo, pegue sua pasta e vá para o quarto dormir". E apontou uma pasta que não era minha. Eu ia protestar, mas peguei a pasta e levei embora. Estava cheia de documentos secretos do Partidão. O Leandro e eu nos tornamos dissidentes. Ele, nunca. Era um comuna dos antigos... Um dia ele disse: "Meus filhos, se vocês tiverem alguma dúvida, basta olhar na direção da estrela do Kremlin, que a dúvida se desfaz". Quer dizer, uma relação quase religiosa. *(sorriso)*

P - Você cresceu no Rio, não é?

R - Em Ipanema, bairro que até hoje é uma grande paixão. Eram os anos 40 e 50. A praia pouco freqüentada, mar aberto... Nós gostávamos de pegar tatuí na areia, levar para casa e comer com arroz. Os carros só passavam na Rua Nascimento e Silva, em Ipanema, duas ou três vezes por dia, então a gente jogava pelada na rua. Íamos muito à praia. Eu era moleque, fingia que ia estudar, porque minha mãe dormia depois do almoço... *(sorrisos)*

P - Quem eram seus companheiros, nessa época?

R - Uns dez garotos que pegavam jacaré, uma meninada pobre. Quando Ipanema começou a crescer, anos mais tarde, eles foram para o subúrbio e eu os perdi de vista.

P - E trabalho, quando é que entra nessa história?

R - Meu primeiro emprego foi no escritório de advocacia de um tio, Milton, já falecido. Fiquei pouco tempo. Arranjei depois um cargo no Citybank, e trabalhei um ano lá, pelo salário e também porque descobri uma funcionária chamada Florita, por quem, evidentemente, me apaixonei. Tivemos um namoro, mas depois ela desfez porque achava que eu não tinha futuro, que eu era um aventureiro, no que tinha toda a razão. Um dia, já cansado daquilo, bebi umas cervejas com meus amigos e fui ao banco bêbado, me demitir. Entrei para o CPOR e fiquei dois anos; sou da reserva de infantaria, "pé de poeira". Quando saí de lá, fiz concurso para a Petrobras, passei e comecei a trabalhar como assistente administrativo.

P - Foi lá que você começou sua militância política?

R - Fora as panfletagens, foi. Eu trabalhava no escritório do centro do Rio. Depois fui transferido para Caxias, na Reduc. Comecei a trabalhar numa fábrica com 1500 funcionários. Imediatamente alguém me procurou. "Você é o Rodolfo Konder, filho do Valério Konder? Nós estamos organizando o Partidão aqui dentro e queríamos saber se você topa nos ajudar." Aí entrei para o Partido em 1961. Começamos a organizar e de repente eu virei "comissário do povo". Era o centro da organização do partido, até por causa das influências do velho, que conversava muito conosco sobre política.

P - Tinha muita gente do Partidão na Reduc?

R - Organizamos o primeiro grupo com umas 10 pessoas, que foi o ponto de partida. Depois, nós tínhamos uns 150 comunas organizados em bases. Essas bases elegiam seus representantes no comitê de empresa e eu era do comando desse comitê.

P - Como era a atuação lá?

R - Dominávamos a refinaria. Éramos 850 pessoas organizadas, num conjunto de 1500. Chegávamos nas assembléias e tínhamos as propostas prontas. Comandávamos as votações. Tinha me tornado um dirigente sindical importante, apesar de ser muito jovem. Por exemplo, quando os trabalhadores em petróleo resolveram mandar uma comissão a Brasília para discutir com o Jango e propor a ele co-gestão na Petrobras, foram três dirigentes sindicais representando o país inteiro. Eu era um deles. O Fernando Autran, o Cid Salgado e eu. Isto foi em 63, se não me engano.

P - E como foi essa audiência?

R - Tensa. O Jango nos recebeu irritado, porque achava que nós iríamos fazer greve. Ele queria tirar o Francisco Mangabeira da presidência da Petrobras, porque não era da confiança dele, mas o Chiquinho estava bem conosco. Ele achou que queríamos fazer greve para manter o Chiquinho. Então, na hora que entrou na sala, arrastando a perna – porque ele mancava de uma perna —, ele foi dizendo: "Vocês vêm aqui para me ameaçar, e eu não admito isto porque sou um presidente ligado aos trabalhadores. Sou um aliado e vocês, em vez de me dar apoio, querem me ameaçar!" Eu perdi a voz, varado de medo. O Cid também, mas, felizmente, o Autran, mais velho, enfrentou o presidente: "O senhor está enganado. Nós não viemos aqui ameaçá-lo. Viemos para trocar idéias. Achamos que o senhor está querendo substituir o presidente da Petrobras por uma pessoa da sua confiança e achamos isso perfeito. Nós entendemos". Aí ele relaxou. Deu um sorriso e disse: "Vamos sentar aqui". Sentamos em um conjunto de sofás de couro e ele chamou seu auxiliar, pediu para trazer café. Então a conversa se estendeu e o Autran disse: "Agora, presidente, nós achamos que é justo o senhor nomear um presidente, mas achamos também que os três diretores – a direção era formada pelo presidente e por três diretores, sendo o presidente com direito a dois votos, ou seja, menos que os votos dos três diretores – devem ser dos quadros da própria empresa, com capacidade inquestionável e indicados ou apoiados pelos sindicatos". Era a proposta da co-gestão. O Jango puxou um bloco que estava sobre a mesa, tirou uma caneta do bolso e disse assim: "Nomes". Tínhamos três nomes no bolso. A reunião acabou numa boa e na semana seguinte ele nomeou dois e deixou a terceira vaga em aberto. Depois nomeou um cara dele para ficar com a maioria, mas pela primeira vez os sindicatos tinham dois diretores da Petrobras. Um era amigo meu, Hugo Régis dos Reis.

P - Quando veio o golpe em 64, você foi preso logo de saída?

R - Na Petrobras, nunca fui preso. Recebemos a notícia de que tinha havido um levante militar em Minas. Então, nos reunimos. Tiramos um manifesto violentíssimo e fomos à *Rádio Mayrink Veiga*, em nome dos trabalhadores do petróleo, ler o manifesto. Entre outras coisas, dizia o seguinte: "Nem uma só gota de petróleo da Petrobras servirá aos tanques da reação". Então, os tanques da reação vieram e passaram por cima de nós. Literalmente! Lemos o manifesto e fui para casa dormir. Quando acordei, eles já tinham tomado o poder e eu vi na televisão as comemorações pela queda do Jango, que já tinha fugido.

P - E o que você fez, então?

R - Liguei para o sindicato e consegui falar com o Cid, que disse: "Konder, estou de passagem aqui para pegar uns documentos e vou desaparecer. Faça a mesma coisa. Suma". Fiquei alguns dias escondido na casa de parentes no Rio, mas eu era uma presença constrangedora – perseguido e procurado. Fui caçado. As pessoas me escondiam, mas com medo. A área de petróleo era considerada de segurança nacional; eles foram duros: invadiram o apartamento do meu sogro. Minha mulher estava grávida, último mês, e quase perdeu o filho. Eles ameaçaram a família. Então, resolvi me apresentar. Fui à Petrobras. Só que, como estava escondido, tinha perdido a noção do tempo. Cheguei à sede e disse: "Vim falar com o senhor Leopoldo Miguez de Mello". Era o novo diretor, indicado pelo golpe, e eu o conhecia havia muito tempo. Um cara reacionário, mas parecia decente. O problema é que era sábado e ele só voltaria, claro, na segunda-feira. Fiquei parado, sem saber o que fazer. Então veio um contínuo fardado e disse: "O que você está fazendo aqui?" Eu respondi: "Vim me entregar".

E ele: "Não faça isto, a barra está muito pesada, especialmente para os dirigentes sindicais." "Bom, o que vou fazer? Não tenho onde me esconder. Minha família está ameaçada". Ele disse: "Vamos lá em casa e pensamos o que fazer". Pegamos um ônibus e fomos para o subúrbio. Ele morava numa vila. Nem sei quem era o cara. Era simpatizante.

Como eu precisava que eles deixassem minha família em paz, me ocorreu pedir asilo numa embaixada. Fui para a do México, que ainda era na Praia do Flamengo. Fomos de táxi, eu e o simpatizante. Descemos a um quarteirão da embaixada. Fomos caminhando, pegamos o elevador até o sexto andar e descemos para ver se tinha alguém. Ele ficou na escada e eu apertei a campainha. Um funcionário abriu a porta. "O que o senhor deseja?" Eu respondi: "Estou sendo perseguido por razões exclusivamente políticas e quero a proteção do governo mexicano". Ele me olhou e disse: "O senhor faça o favor de entrar que vou chamar o embaixador." Olhei para trás, dei tchau para ele na escada e nunca mais nos vimos. Só sei que se chamava Luís Carlos.

P - Então, você conseguiu sair do país logo depois do golpe?

R - Fiquei um mês e tanto dentro de um apartamento. Depois, fomos transferidos para o consulado. Éramos 60 pessoas. Ficamos lá, no Morro da Viúva, até o governo nos dar o salvo-conduto. Dormíamos em camas de armar e havia muita briga. Tinha um grupo de marinheiros ligados ao Max da Costa Santos, radicalíssimos. Depois, foram todos para Cuba treinar guerrilha e morreram quando voltaram ao Brasil. Eles consideravam que bancários, petroleiros, intelectuais, eram todos uns burgueses. Depois de várias situações constrangedoras, um dia eles decidiram mostrar que estavam vivos. Alguém ia sair de lá com a missão de afundar o porta-aviões Minas Gerais. Escolheram um cara que, evidentemente, se recusou. Então o cabo Anselmo se ofereceu como voluntário para a missão e saiu de lá. Foi preso e, depois, soube-se que ele era agente duplo.

P - Como ele era?

R - Ele era uma figura estranha, muito radical, esquisito. Dançava se requebrando, com os olhos fechados, em êxtase. Depois se confirmou que era homossexual. Mas neste episódio tínhamos um grupo que ficou muito unido até chegar a notícia de que haviam começado a conceder o salvo-conduto. Nosso grupo saiu em dois carros cercados pelos veículos da polícia. Fomos para o aeroporto com sirene tocando e eles nos botaram dentro do avião.

P - Por que você escolheu exatamente a Embaixada do México?

R - Porque é um país com tradição de conceder asilo político. Fiquei lá alguns meses com esses 70 brasileiros, hospedados em espeluncas e sem ter o que fazer. Então os bancários conseguiram que o ministro do Exterior do Uruguai, que era bancário, autorizasse a transferência de asilo do México para o Uruguai, mas só para os bancários. E me colocaram na lista como bancário. O governo brasileiro não queria ninguém se transferindo para país limítrofe, com medo que a gente entrasse pela fronteira – que, aliás, foi o que eu fiz –, então não podíamos sobrevoar território brasileiro. Saímos do México, fomos para o Peru, depois Chile, Argentina e Uruguai, onde o sindicato dos bancários nos mantinha num bom hotel, com uma comida ótima, porque o ministro era amigo. Vivíamos maravilhosamente.

P - O Jango e o Brizola estavam lá nessa época, não é?

R - Entre outros. E nós resolvemos ver se conseguíamos aproximar os exilados brasileiros. Fomos visitar o Jango, Brizola, Darcy Ribeiro. Conseguimos organizar uma reunião de todos – éramos bons nesse troço –, mas foi um fracasso total, porque ninguém se entendia. Cheguei à conclusão de que aquilo não ia dar em nada e que era melhor voltar para o Brasil. A viagem foi de Rivera – que fica colada a Santana do Livramento, no lado brasileiro – a Porto Alegre, de trem, e depois de ônibus para São Paulo. De lá, para o Rio, numa kombi do Ênio Silveira, dono da Civilização Brasileira.

P - Viagenzinha complicada...

R – Pois é. Eu ainda estava clandestino, mas comecei a fazer traduções para o Ênio, que era muito amigo de papai. Depois surgiu uma vaga de redator na agência Reuters, onde fiquei quatro anos e me tornei jornalista.

P - E você continuava no Partidão?

R - Voltei aos poucos a fazer política sem ser importunado, mas já começavam a se evidenciar as minhas divergências com relação ao Partido porque, nesse período, a Tcheco-Eslováquia havia sido invadida. Eu tinha grande simpatia pela experiência de socialismo que se desenvolvia por lá. Quando invadiram, me senti traído. Escrevi artigos violentos, quase fui expulso do partido... Estávamos em 68, um período de grande agitação, quando aceitei o convite do Milton Coêlho da Graça para vir para São Paulo, trabalhar na *Realidade*, onde fiquei durante dois anos, antes de ingressar na revista *Visão*, com Vladimir Herzog, Luís Weis e Marco Antônio Rocha. Foi neste período que aumentou a repressão. Durante os primeiros tempos eles se concentraram mais no pessoal da guerrilha; o Partidão tinha ficado meio de lado, mas havia um clima perigoso.

P - Vem daí, então, o contato com Vladimir Herzog?

R - Viajei pela *Visão*, fui para Bruxelas, depois Paris, Nova York e Las Vegas. Quando voltei a São Paulo, tinha uma recepção no consulado inglês, mas não fui porque estava cansado da viagem. Nessa recepção, Marco Antônio Rocha soube que eu iria ser preso. Não deu tempo de ele me avisar... fui preso antes de eles falarem comigo, às seis da manhã. Tocaram a campainha; fui estremunhado abrir a porta, eram dois policiais. "O senhor está preso, faça o favor de nos acompanhar". Já no carro me colocaram um capuz preto. Chegando no DOI-Codi, obrigaram-me a tirar a roupa, tiraram umas fotos, me deram um macacão do Exército, fizeram-me tirar os cadarços do sapato, levaram-me para o andar de cima e me largaram alguns dias. No primeiro interrogatório, encapuzado, fui levado por um carcereiro que chamavam de Marechal. Cheguei, sentei. Um cara na minha frente, que eu não via, começou a me interrogar. E eu fui argumentar com ele. O cara falou logo: "Seu comuna filho-da-puta, você está querendo me fazer perder tempo com este blá-blá-blá. Então agora vai ver uma coisa". Levantou-se e disse. "Marechal, manda vir uma equipe e trazer a pimentinha!"

P - Pimentinha?

R - Era a máquina de choque elétrico. Eu pensei que era pimenta mesmo para enfiar em algum lugar. Instalaram a máquina, prenderam os fios nas mãos e nos tornozelos e começaram a me dar choques elétricos na orelha, nas costas, na espinha. Depois de algum tempo, me deram porrada.

P - O que você sente numa hora dessas?

R - Pânico! Você grita e o grito provocado pelo choque elétrico vem das entranhas. Você não se controla, me sujei todo. Quando terminaram, ficaram lá discutindo onde iriam almoçar. Então me levaram para o andar de baixo. À tarde, voltei para essa mesma sala. O cara disse assim: "Quando é que você quer que eu chame a equipe?" Eu respondi: "O que você quer saber?" Então abri o jogo. Queriam saber quem integrava nossa base.

P - Você falou?

R - Falei os nomes de alguns, os mais notórios. Eu tinha que dizer porque era um jogo de gato e rato. Achava que já estava preparado, mas não estava. O que eu percebia era o seguinte: as informações básicas eles já tinham, as periféricas, não; então, foi possível poupar algumas pessoas. Eles não mencionaram o Vlado (Vladimir Herzog), mas já tinham ido procurá-lo no dia anterior e combinaram que ele se apresentaria no dia seguinte. Depois do interrogatório, voltei para a sala de espera.

P - Você estava lá quando o Vlado morreu. Como foi?

R - Vou contar. No dia seguinte, o Vlado se apresentou; eu o reconheci pelos sapatos. Ele foi levado para o interrogatório. Daí a pouco vieram nos chamar, eu e o Duque Estrada. O cara que o interrogava era um sargento da Marinha com uma âncora tatuada no antebraço esquerdo, na parte interna. O tenente já tinha me interrogado. Eu sabia que o cara era violento: um tal de Pedro Mira. O cara falou: "Ele está negando as informações de que era da base de vocês. Por favor, vocês digam a ele que, se continuar negando, vai entrar no cacete. Dissemos. E o Vlado nos reconheceu pela voz. Estava encapuzado e disse assim: "Não sei do que vocês estão falando, nunca fui do Partidão". O sargento nos dispensou, voltamos para a sala de espera e ele começou a gritar. Primeiro foi porrada, depois choque elétrico – os gritos são diferentes. Eles aumentaram o rádio para disfarçar. Parou tudo de novo. Depois de um tempo, fui chamado lá dentro. Entrei e ele estava sentado numa cadeira dessas de escola, escrevendo. O cara falou: "Ele está querendo se lembrar do nome de alguém e não consegue." "Estou muito tenso, nervoso, mas estava querendo me lembrar do nome daquele cara de cabeça grisalha", disse Vlado. Era o Argeu, um veterano jornalista que só ia de vez em quando às reuniões. O nome dele ainda não tinha aparecido, então eu disse assim: "Não, Vlado, acho que você está enganado". "É, vai ver eu me enganei. Estou muito nervoso". Então me mandaram embora de novo. Mas o Argeu ficou fora. Não aconteceu mais nada. Horas depois, nos tiraram da sala de espera e nos levaram para o andar de cima, supostamente para reconhecer algumas fotos, e eu não conhecia ninguém das fotos. Retiraram todos da sala de espera porque era por ali que eles tinham que tirar o corpo do Vlado. Ele já havia morrido.

P - O que você acha que aconteceu dentro da sala?

R - Estou convencido de que o Vlado morreu depois de ter assinado uma confissão que era evidentemente ditada por eles, porque começava assim: "Fui aliciado para o Partido Comunista pelo Rodolfo Konder". A gente não usava esta expressão. O que eu acho é que, depois de ter feito aquilo, ele teve um momento de indignação, porque era uma pessoa muito ética, e rasgou o papel. Então os caras bateram nele de novo, mas sem técnica, sem cuidado – acho que aí ele morreu. Segundo o pessoal que fez a lavagem do corpo, ele teria batido com a base da cabeça no parapeito da janela. Simularam um suicídio; ficaram em pânico lá dentro e tomaram muito cuidado, porque as coisas podiam repercutir muito mal. O cara que comandava aquilo chamou uns cinco ou seis jornalistas para dizer que Vlado tinha se suicidado. Disseram que sabiam que ele era agente da KGB. O Paulo Sérgio Markun protestou e o cara deu uns gritos com ele: "Vocês não sabem de nada, o país está cheio de espiões, até no governo tem espiões comunistas e tem mais o seguinte: nossa função é esta, acabar com a subversão. Quem chega aqui é para levar porrada; qualquer pessoa, entrou aqui leva cassete, pode ser até o presidente da República."

P - Mas o Geisel acabou intervindo em São Paulo.

R - Havia uma luta evidente entre a direita e a ultra-direita. O Geisel, que era direita, queria abrir, mas de forma lenta, gradual e segura. E o pessoal do Segundo Exército queria impedir a abertura. O aparelho da repressão estava partindo para o ataque. Era uma briga entre dois elefantes. Como diz o indiano, quando dois elefantes brigam quem sofre é a grama. Nós éramos a grama. Eles ficaram assustados. Chamaram para dar explicações e nos encaminharam para o Dops, onde já não havia tortura. Fiquei numa cela com 15 pessoas. Fui fichado pelo Dulcídio Wanderley Boschilla, que era juiz de futebol e funcionário do Dops. Ele nos disse para ficar tranqüilos que lá não tinha tortura. Fiquei só alguns dias. Quando fui solto, o pessoal me procurou. Combinamos que eu iria fazer um depoimento. José Carlos Dias (ministro da Justiça no governo FHC) era meu advogado, contratado pelo (empresário) Henry Maksoud, que foi muito solidário comigo, não queria me demitir. Fui demitido da *TV Bandeirantes*, onde tinha um programa semanal, mas o Maksoud não queria me demitir da *Visão*. Mas eu disse: "Eu quero que o senhor me demita, porque vou fugir pela fronteira e preciso de dinheiro". Ele ficou decepcionado com os amigos militares, quando viu que eu ainda tinha marcas de queimaduras das torturas, porque os caras diziam a ele que não havia tortura. Fui no escritório do José Carlos Dias e eles formaram uma espécie de comissão: Alfredo Peres da Silva, o Padre Rolim, Barbosa Lima Sobrinho, representantes da OAB, Hélio Bicudo... Fiz um depoimento de horas, contando todos os detalhes do que aconteceu. Eles registraram, eu assinei e o José Carlos guardou no cofre do escritório para divulgar no momento que julgássemos oportuno. Foi o primeiro documento que incriminava claramente os caras, deixando claro que o Vlado não tinha se matado.

P - E você continuou no país depois disso?

R - Eu comecei a receber cartas e telefonemas do braço armado da repressão. Saí de casa, comecei a dormir na casa das pessoas. Virei de novo um inconveniente. Fui embora. Em Foz do Iguaçu, atravessei o rio Iguaçu clandestinamente e do outro lado tomei um táxi para Posadas, onde peguei um avião e fui para Buenos Aires. Isso foi no começo de 76. Eu ia ficar em Buenos Aires, mas o Ferreira Gullar e outros amigos que estavam lá me disseram que ia ter um golpe militar na quinta-feira da outra semana. Tinha saído no (jornal) *Clarin* a notícia do meu desaparecimento aqui no Brasil. Então fui para os Estados Unidos, via Peru, onde o Alberto Dines conseguiu emprego para mim. Antonio Alberto Prado estava saindo da *Rádio Canadá* para assumir a chefia do escritório da *Visão* em Washington, posição para a qual eu o havia indicado! E eu fui para Montreal, para o lugar que era dele.

P - E como era a vida em Montreal?

R - Não era ruim. Eu fiz um teste de locução em inglês e francês, fui aprovado e assumi o lugar dele. Era um bom salário e trabalhava de três a quatro horas por dia. Fiquei dois anos no Canadá. Comecei a fazer contatos com a Anistia Internacional (da qual tornou-se depois presidente no Brasil), funcionava como correspondente da *Visão* e do *Diário de Lisboa.*

P - Você já tinha rompido com o Partido quando saiu do Brasil?

R - No Canadá, eu ainda mantinha uns contatos, mas quando o Afeganistão foi invadido, de novo me manifestei contra e desta vez eles me rebaixaram: deixei de ser membro do comitê de jornalismo para ser quadro de base. Ficamos um certo tempo nos reunindo, porque o Muro de Berlim caiu na cabeça da gente também, ficamos órfãos... acabou o socialismo.

Então, o que íamos fazer? Este grupo ganhara uma certa presença política. Nos manifestamos contra o maniqueísmo, na eleição do Collor, e depois repudiamos o patrulhamento na eleição do Maluf. Não apoiamos o Maluf, mas repelimos o patrulhamento. Ele, esperto, gostou do manifesto.

P - Foi por causa disso que você foi parar na Prefeitura, na gestão do Maluf?

R - O Maluf ganhou e mandou um recado para mim. Queria que eu fosse secretário de Cultura dele, em 1992. Os dois primeiros convites, eu recusei. Mas aceitei conversar... Era a terceira sondagem; ele chegou para mim e disse: "Konder, eu entendo a sua dúvida e sua relutância, mas eu quero". Foi na casa do Assef, na presença do Carlos Tavares, e o Maluf me disse: "Konder, você vai montar sua equipe, definir a política cultural e eu dou todo o apoio, inclusive em termos orçamentários. Você vai ser o prefeito da Cultura". Não topei com alegria, topei me sentindo dividido e chateado por sair da *TV Cultura,* mas fui.

P - E você se arrependeu, afinal?

R - Maluf foi corretíssimo comigo, tenho que dizer isto. Sabe por quê? Eu não seria ético, se não dissesse. Montei minha equipe e ele não me indicou uma única pessoa. Ele era o prefeito! Eu defini a política cultural, suprapartidária, e ele aceitou. Me deu sempre apoio, o orçamento foi plenamente respeitado e era excelente: 120 milhões de dólares por ano! Neste período ele montou o PPB, eu não entrei, me mantive independente e ele sempre me respeitando, me dando algumas dicas boas...

P - Por exemplo?

R - "Konder, você tem que dormir com os dois olhos abertos; você está cercado de gângsters". Ele tinha razão, na Prefeitura, na Secretaria, em tudo. Depois ele me disse uma coisa que parece piada, mas é um conselho sério: "Konder, você é um sujeito trabalhador, honesto, mas tem um problema: não fala palavrão. Você tem que falar palavrão." *(risos)* Era a propósito de um orçamento que tinham feito para mim na Secretaria de Obras e estava superestimado. Ele percebeu porque é engenheiro. Aí ele me chamou e disse para eu ligar para o pessoal da Secretaria. Eu e ele sozinhos no gabinete, ele falou: "Repete comigo, Konder (pausadamente): os caras que estão fazendo o orçamento para você são uns filhos-da-puta". *(risos)* Eu repetia. Ele tinha razão, depois endureci um pouco meu estilo.

P - E afinal, o Maluf roubou ou não?

R - Dizer que alguém é ladrão é complicado se você não tem elementos sólidos para isso. No caso do Maluf, por exemplo, ele já era rico quando foi eleito prefeito e durante o período em que trabalhei com ele, quatro anos, nunca tive da parte dele nenhum indício, nada que sugerisse que ele estava roubando. No convívio com os outros secretários nunca tive nenhum sinal e trabalhávamos bastante lá. Ele fez um secretariado também bastante eclético politicamente.

P - E qual é, hoje, a sua opinião sobre ele?

R - O que posso dizer é o seguinte: não entrei para o partido dele, mas eu o respeito porque tivemos uma relação boa durante os quatro anos que trabalhamos juntos. Quando chegou no fim da gestão, não nos esqueçamos disso, ele tinha altos índices de aprovação. Saiu da Prefeitura com aprovação tão grande que elegeu o Pitta. Ele elegeria um poste. O Pitta era uma continuidade, uma seqüência do governo Maluf. Por isso ele me pediu para continuar durante os dois primeiros anos. Comecei a enfrentar dificuldades com as finanças, que eu não tinha antes na época do Maluf. Nos últimos dois anos houve o naufrágio.

P - E como você se segurou, na sua área?

R - Consegui manter a Secretaria à margem. Reduzi muitas coisas, cortei os projetos mais caros, mas mantive a Secretaria em ação com uma média de 500 eventos por semana. Dois mil por mês. Sem apoio! Formamos um grupo de secretários que se reunia com regularidade, fora da Prefeitura, todos pensando em sair, mas achando que seria como ratos abandonando o navio. Fomos, cada um, tentando preservar sua área e seu espaço. Entrei em choque com vereadores, tive uma briga séria com Hanna Garib, líder do Pitta na Câmara. Depois me lembrei de um provérbio árabe: "Senta à beira de um rio porque um dia os cadáveres de seus inimigos vão passar na correnteza." Depois, vi o cadáver do Hanna Garib (deputado estadual cassado).

P - Que balanço você faria dessa experiência do governo Pitta?

R - Foi uma experiência ruim, deprimente. Tinha uma equipe com 3.500 funcionários. Eles foram muito leais a mim por oito anos, pessoas que trabalhavam muito e honestamente. Eu não podia jogá-los às traças. No momento que eu saí pela primeira vez, entrou o Nilton Travesso, que gostava muito de mim e manteve toda a minha equipe. O único que ficou desempregado fui eu. Do Maluf tenho boas lembranças, porque a relação foi boa e ele foi correto comigo.

P - E do Pitta?

R - Tenho más lembranças. Porque a gestão foi muito ruim. Não vou entrar na questão da honestidade, porque precisaria comprovação. O Pitta não tem vocação para o exercício do poder. Em política, se você não diz palavrão (seguindo os conselhos do Maluf), surge um vazio. No caso dele, a gente sentia que não tinha comando. Gosto do pensamento do Emerson: "Precisamos atrelar o nosso arado a uma estrela." Ou seja, o trabalho tem que perseguir um sonho. Qual era o sonho do Pitta? Ninguém sabe.

P - E o socialismo, continua o seu sonho?

R - Eu digo sempre que não larguei o socialismo, ele é que me abandonou. Porque o socialismo morreu, lamento. Fui ao enterro, chorei lágrimas de esguicho. Mas aquilo que nós achávamos que era um sonho, era um pesadelo. Milhões foram mortos. É difícil até você saber quem matou mais, se Hitler ou Stalin. Então, aquela utopia eu abandonei. Não abandonei o sonho. Não deixei de atrelar o meu arado a uma estrela. Porque na *TV Cultura* e na Secretaria, nestes oito anos, eu trabalhei sempre com o norte. E qual era? Primeiro, a valorização da diversidade. Não é só aceitação. A valorização, a diversidade solidária. Depois, o respeito, o compromisso maior com os valores e princípios claramente universais, que integram uma cultura planetária que marca o mundo pós-guerra fria. Como por exemplo, a defesa da democracia, a garantia da liberdade, a liberdade de expressão, a liberdade de imprensa, a liberdade da mulher, a defesa da ecologia. São valores e princípios claramente universais. Nenhuma cultura justifica a agressão a eles.

P - Mudando de assunto, você é amigo do jornalista Pimenta Neves, protagonista de um assassinato... (Completou um ano em agosto de 2001, quando esta entrevista era editada.)

R - É verdade. Estávamos sempre juntos. Em Washington, ficava na casa dele. Depois ele voltou para o Brasil e mantivemos contato. Ele ia à minha casa. É uma pessoa muito introspectiva. E muito preparado. Não é só jornalista. Formou-se em Economia nos Estados Unidos, era alto funcionário do Banco Mundial, que representou em diversas missões internacionais. Veio para o Brasil dirigir a *Gazeta Mercantil*. Depois, foi para o *Estado de S. Paulo*. É uma cabeça privilegiada. Mas, ao mesmo tempo, é um homem difícil e muito fechado. Eu era um dos poucos amigos com quem ele conversava mais. Acompanhei essa crise toda, esse processo de fragmentação e desintegração, porque ele começou a me falar da moça. E eu sentia que era uma relação estranha, porque ela era uma pessoa de outro universo, com outras preocupações.

Enfim, um casamento esquisito. Alguma coisa não se encaixava. Ele passava longos períodos em depressão. Chegou a falar em suicídio. Uma das irmãs dele chegou a me procurar, achando que ele ia se matar, e pediu que eu ajudasse, porque era uma das poucas pessoas que ele ouvia. Falávamos muito por telefone. Fui almoçar com ele duas ou três vezes no (jornal) *Estado*. Ele esteve lá na Secretaria também. Ele sempre me dizia que estava deprimido. Mas teve um dia em que estava particularmente deprimido. Eu disse a ele: "Pimenta, eu sei que os homens da nossa geração têm certas dificuldades em ir ao analista... Mas hoje a medicina moderna já diagnosticou desequilíbrios químicos. De repente, com uma pastilha de lítio você resolve". Aí ele disse: "Eu já tomei uns remédios do médico que o Ruy Mesquita me indicou, mas só piorei". Eu insisti: "Mas, Pimenta, até encontrar a dose certa você tem que continuar tomando". A resposta dele ficou gravada na minha memória: "Depois, eu também não quero ninguém me dissuadindo de fazer o que eu tenho que fazer". Aí eu disse: "O que é isso? Você tem que se tratar!" Liguei para a irmã dele e disse que ele ia se matar. Poucos dias depois, ele mata a moça.

P - Quer dizer que na verdade...

R - Ele estava pretendendo matá-la. Depois houve a informação de que ele tentou se matar com remédios. Mas naquele momento a informação que eu tinha era de que ele havia matado a moça.

P - E agora?

R - Deixou de ser membro da minha tribo. Um membro da minha tribo não mata ninguém. Muito menos assim, pelas costas. Não foi uma morte, um assassinato. Foi uma execução. Ele a baleou pelas costas e depois foi lá e deu um tiro na cabeça. Fiquei tão decepcionado que foi como se ele tivesse morrido. Mas depois eu fiquei com pena. Ele se matou ao matá-la. Ele ainda não sabe que morreu, mas está morto.

Este livro, da MAUAD Editora,
foi impresso em papel ofsete 70g,
na gráfica Lidador